U0857309

人生就要活得精彩

关 愚 谦 人 生 三 部 曲 之 三

［德］**关愚谦** 著

人民东方出版传媒
東方出版社

图书在版编目（CIP）数据

缘：人生就要活得精彩 /（德）关愚谦 著. —北京：东方出版社，2019. 1
ISBN 978-7-5207-0685-8

Ⅰ. ①缘… Ⅱ. ①关… Ⅲ. ①关愚谦—自传 Ⅳ. ①K835. 165. 46

中国版本图书馆 CIP 数据核字（2018）第 268720 号

缘：人生就要活得精彩
（YUAN：RENSHENG JIUYAO HUODE JINGCAI）

作　　者：［德］关愚谦
责任编辑：张凌云
出　　版：东方出版社
发　　行：人民东方出版传媒有限公司
地　　址：北京市东城区东四十条 113 号
邮　　编：100007
印　　刷：三河市中晟雅豪印务有限公司
版　　次：2019 年 1 月第 1 版
印　　次：2019 年 1 月第 1 次印刷
开　　本：710 毫米×1000 毫米　1/16
印　　张：15. 25
字　　数：230 千字
书　　号：ISBN 978-7-5207-0685-8
定　　价：46. 00 元
发行电话：（010）85924663　85924644　85924641

自　序

我把这本书的书名叫作《缘》，副标题叫作“人生就要活得精彩”，可说是不知经过多长时间的酝酿才定下来的，大概与回忆“文革”五十周年有关吧！也不知道是怎么回事，2016年国内到处在传播有关我“文革”时惊险逃离的故事。有些读者在网上还在问，关愚谦到欧洲以后的结局是怎样的？这说明他们没有看过我写的《浪》和《情》这两本书。但那时我还没有发现这和“缘”有紧密的联系。

人到晚年，我开始大彻大悟了。我这里说的“悟”和佛教里说的“悟”、基督教里的“醒悟”都不一样。它们所述的“悟”，文字含义是觉悟，是从迷惑、迷茫、迷失的状态中解脱出来，走向它们的真理，达到最高的境界。吴汝钧先生编的《佛教大辞典》对“悟”的解释是“最高的真理是诸法因缘生，无独立的自性，故是空。悟到这个道理，即不执取诸法与世界，不执取即无烦恼”。基督教的“悟”是信仰上帝，迷失的羔羊应早日回到主的身边。要达到以上的“悟”，是要经过许多理论学习和认识的。不好好研究《圣经》和佛经，就难以大彻大悟。我这个人，这一生，理论学得不少，但太杂，最后什么都没有彻底悟出来，有时头脑反被弄得晕头转向。最后我总结出来一条，我的悟性，是从自己的生活和经验当中汲取出来的。这本书，可以说是我感性的“悟”的结晶。

另外，我把副标题定为“人生就要活得精彩”。有朋友问我，什么叫精彩，可否下个定义？我的回答是不同的人有不同的答案。有人认为，做大官，赚大钱，才叫精彩。我的母亲则一直对我重复这样一句话：“愚谦，金钱和物质都很重要，没有它你活不下去，但是这些都是身外之物，生不带来，死不带去。我认为一个人活着最有意思的是，在临死前，回首这一生，是不是给世界留下了什么东西。”我的母亲教了一辈子的书，没留下一文钱，留下的是成百上千个有知识、为祖国效劳的学生。这是她人生中最大的幸福。这就是她一生的“精彩”所在。而我呢！我的上半生，活得相当坎坷、艰苦，但活得也算精彩，在我的《浪》一书中有较详细的阐述。但是，这个精彩和我在德国后半生的精彩不同。我的前半生，可以这么说，是被“浪”推着走的，没有自己的主见。到了后半生，我总结了不少前半生失足的经验，悟出了很多做人的道理，人生不能光靠激情，哪怕在爱情上也是如此。所以我才在我的后半生有一个幸福美满的家。

目　录

CONTENTS

第一章　又逃过一劫

1 汉堡的中秋太美了

2016年中秋夜，德国汉堡的圆月真是太美了，美得让你心神荡漾，如醉如痴。我们夫妻二人，在阿尔斯特湖畔我们住房的朝南阳台上饮酒赏月，这一生还从来没有见到过如此明亮的月光，拍人物照甚至可以不用闪光灯。

晚上九点，珮春去她姐姐家探望九十七岁的老母，送给她一小盒朋友从香港托人带来的中秋月饼，让她也享受一下中秋佳节皓月当空的夜景。我则一人坐在被珮春植满各种美丽花朵的露台上，欣赏浅灰色的白云在圆月后面缓缓飘过的秋景。

汉堡真是外国人度假的好地方。记得七十年前我在上海读中学时，夏天热死人，秋天有时还来秋老虎，夜里睡觉不但要铺竹席子，身旁还要准备一个芭蕉扇，不时地煽几下。还有那可怕的蚊子，一直在你耳边嗡嗡，烦死人。可是在德国，尤其是在离波罗的海才几十公里的汉堡，晚上睡觉，就是夏天也要盖薄棉被，早上起来还是有点凉飕飕的。不过，亲爱的上海朋友们，请不要误会，上海的好处多得是，我还想出本上海专集呢！

我吟唱起唐朝诗人李白在长江边扬州写的诗句《静夜思》：床前明月光，疑是地上霜。举头望明月，低头思故乡。此时此地，此情此景，我不禁想起我在国内的亲人。幸好，我的儿子、儿媳两天前刚刚由汉堡返回上海，还不至于那么怀念。高龄的哥哥、姐姐也都健在，在北京颐养天年。接着，我又想到目前中东叙利亚的内战，叙利亚的北部大城阿勒颇（Aleppo）几近完全毁灭，叙利亚政府和反对派打得你死我活，外加美俄外国势力介入，狂轰滥炸，更是生灵涂炭，民不聊生。我不禁向上天祷告，救救这些无辜的阿拉伯兄弟姐妹们吧！

次日清晨，我起身如厕，发现尿中带血，心中虽是一惊，但认为这是偶然事件，暂时不要惊动珮春。孰知，一连三天，尿中血色越来越浓。这可不是闹着玩的。珮春学过中西医，我指给她看，她不容分说，立即驾车把我送到汉堡医学院泌尿科，挂急诊。这个医院，名声在外，设备齐全。尿血这种情况司空见惯，他们见得太多了。值班护士从抽屉里拿出一张印好的表格，让我到各种检验室做尿、血检查，接着照 X 光，做腹部透视。最后医疗小组的结果出来了，确定膀胱里面有恶性肿瘤，必须下周一进行膀胱全部切除手术，防止癌细胞扩散。

癌症对我来说并不生疏，我知道它是个死亡预兆，在我的老年亲戚朋友中，有好几位患了这一绝症。有活三年五年的，也有很快辞世的。医生确定是癌症，起初我吓了一大跳，但很快就镇静下来了。绝不能给珮春造成思想负担，而且我绝不相信这病会降临到我身上。因为我这一生一直很健康，很少生病，更少吃药，人始终乐观，哪怕被充军大漠青海草原、被关在百年前英国殖民者在埃及开罗造的监狱，照样乐观地能唱能笑。而且我这辈子没有做过伤天害理的事，在国内的历届政治运动中没有整过一个人；到国外，在大学教书，师生关系一直很融洽。上天不会对我这么不公平吧？在如此年龄，还让人给我来上一刀？不过，上帝安排，听天由命吧！

2016 年 8 月 7 日一早，我在珮春陪同下，去医院泌尿科住院处报到，准备次日——8 月 8 日早上 8 点由汉堡主治大夫，为我做膀胱切除手术。我平时不怎么迷信，但为了安慰在旁的珮春，就开玩笑地对她说："明天 888 是黄道吉日，你知道吗？"她问："为什么？"我于是回答说："发！发！发！我们要发啦！哈哈哈！"说得她也不禁笑了起来。

一位中年护士进来送泻药，这是必须把大肠污物全部排出的手术前奏曲。"这手术吓人吗？手术后病人痛苦吗？"我问。她向我翻翻白眼，让我去问医生。她要珮春和她一起到主柜台去办理住院十天的手续，也可以为珮春在病房再加一张床。

珮春离开房间后，我一人在病房孤单地躺着，忽然想起 1966 年"文化大革命"开始，我冒着生命危险孤身逃到欧洲的情景。没想到，整整五十年后的今天，我竟要在汉堡医院挨德国医生一刀，死活不知，这分明是上天对我的惩罚。多少年来，我没有掉过眼泪，可一想到一旦长辞世界，我是一了百了，没有什么，但怎么对得起后半生始终陪伴着我的爱妻珮春？我这一生，爱我至深的除了我的慈母以外，就是珮春了。她对我无微不至的爱，感人肺腑。想到给她带来的寂寞和孤独，我不禁潸然泪下，越想越难以控制自己的情绪。

按理说这样大的手术，主治医生应该事先来病房探望病人，观察病人的面色和健康状态，安慰病人的情绪，介绍手术前的准备工作和做手术的过程。我的私人保险公司在德国相当有名，付费很大方，很受医院和医生的青睐。但是，来到医院，住进病房，第二天一早就要进行大手术，我们一直等到傍晚，仍无医生来问津。这让我们心绪不定。直到晚上 6 点多，一位青年助理医生忽然敲门进来说："我们医疗小组又进行了讨论，明晨手术的进程有所改变。考虑到关先生的年龄，为了缩短手术时间，在切除膀胱后，不再切断关先生肚内的小肠当排尿管，而准备在两肾接两条塑料尿管，从左侧肚内穿出，安接一个尿袋。不过，该塑料管今后每两三个月须更换一次。"我立即插话问，每两三个月换一次，不也是小手术吗？他说："不难，最多十来分钟。"我对这种医疗方法一窍不通，许多德文医学专业词汇我也没听说过，听他的解说如听天书一般。但这句话我懂，就是每两三个月还要动一次小手术。他接着说，如果我们不同意，可以明晨手术前和主治医生进行商讨，说完就匆匆离去。

"三个月换一次塑料尿管"，也就是说，一年换四次，我如果还能活十年，就要做至少四十次的更换尿管手术，长时间到外地旅行更不要想了。岂不是人不因病而死，而是被折腾死了？况且，明天一早就做手术，我明日清晨就被全身麻醉，哪有再和医生讨论的可能？这说明，这接塑料管的手术已经确定了。我开始怀疑起来。不过，到此关头，心想，随便他们吧！可是珮春疑心重重，她打开电脑，从互联网中调出"膀胱癌症手术"一栏，开始仔细研究起来。我也打开随身带来的电脑，查看起有关膀胱癌手术的信息来。

哎哟！我的妈啊！其中一段如此写道：

> 膀胱癌切除手术大致的做法是取病人自己肚内一段 15 厘米的小肠或大肠接在肚皮上，另一端封闭，将两根输尿管连接到这根肠子上，尿液通过这根肠子流到体外，再在肚子上接一个特制的尿袋收集尿液。这种手术相对比较简单，手术时间相对较短，应用非常广泛，缺点是病人需要终生带尿袋，对生活造成不便，尤其是影响社交活动，如护理不好的话，总有一股尿骚味。但现在尿袋很先进，基本上不会出现这些问题，只是花费比较大。

目前还有一种可控性尿流改道手术，基本做法是用病人自己的一段肠子（小肠40—60厘米，大肠20—25厘米，或大小肠联合应用）做一个人造尿袋，放在肚子里储存尿液，再用一小段肠子或阑尾（经过技术处理）将肚子里的人造尿袋连接到肚皮上，定时通过它插尿管，将人工尿袋中的尿液放空。这种尿流改道手术后因为不需要挂尿袋，大受病人欢迎。不过，实际应用一段时间后发现，尿袋内容易结石，而且经常插尿管，容易感染，以至导尿困难和肚皮上漏尿的情况经常发生。近年来由于对排尿功能的研究有了进展，可以在膀胱切除后，用小肠或大肠做一个新膀胱与尿道接起来，病人生活质量就可提高。缺点是少数病人控尿不好，甚至尿失禁。还有少数人年纪过大，可能会出现肾和输尿管扩展积水。因此手术后需要终身定期检查。但这个手术相当复杂，手术后各种各样的并发症加起来高达50%，相当一部分病人因为严重并发症而需要再次手术。

读到这里，我几乎晕倒，我的妈呀！原来手术这么复杂，我的疑惑越来越大。这时，珮春拿起手机，给我们两位华人医生好友打电话，他们在汉堡医院做过外科手术，现已退休。他们一听说做手术的主治医生还未曾和病人见过面就做如此决定，觉得不可理喻。两人不约而同地建议我们，“如果你们自我感觉不好，就迅速离开医院，不要勉强自己，以后再商议对策”。珮春立即下命令：“快走！”

已经是晚上9点了。病房外面已经无人走动，珮春在病房里为我收拾行装，我则穿着软拖鞋轻手轻脚打开房门到走廊里探个究竟。只见有两个值班护士在内屋值班室里聊天吃东西，房门敞开着。很显然，我们两个大人偷偷逃出去的可能性极低。如果被她们发现，她们把我们拦住，事态必会闹大。最后我们决定大大方方地拉着我的小行李箱离开住院楼。不出所料，一位年纪已过五十的住院值班护士走出来了。我们已经打过两天交道，她为人很和善。听到珮春对手术医生手术前不来探望的不满叙述，对我们深表同情，但她拿不定主意，于是打电话把一位值夜班的年轻女医生请了过来。女医生听说我第二天即将动如此大手术，动刀主治医生竟然未来病房探访病人，当即对我表示同情。那位可爱的护士不等女医生做出决定，就拿出一张表格来让我填写。其中一项是

“为什么提前离院”。这说明，这种情况时有发生。

逃回家后的第二天，我们一边打电话给我们的医生朋友告知逃跑的消息，一边立即给医院泌尿科主任大夫写了一封道歉信，阐述原因。万万没想到，很快就接到主任回信，他非但没有责备我们，还对医生的失责表示道歉。我们心中的一块石头总算落了地。我的这次“逃跑”，又是母亲在天之灵，命令主治大夫不要来探访我，不但将我的半条命保全下来，新的生命又从零开始了。不逃跑，也就没有这本书了。

2 我开始相信“命”

从汉堡医院“逃”出来后，珮春从网上查到，柏林有位欧洲最著名的泌尿科主治大夫米勒（Miller）教授，行医几十年，桃李满天下，现在是柏林最著名的沙里泰百年老医院（Charite Hospital）泌尿科主任大夫。但是挂号预约，难上加难。

在汉堡，我们认识一位热心的华人医生符思博士，二十多年前他曾是米勒教授的博士生，给他做过助手。一般来说，在德国是不准走后门的，但“关系学”在全世界无处不在。他给米勒教授的助理医生打了电话，很快就为我约了一个会面时间。为此，我们于8月（2016年）下旬，专程驾车来柏林。白发斑斑的米勒教授，平易近人，看了我在汉堡医学院检查的病历后，决定9月1日给我再做一次膀胱透镜检查。检查后他说，还是有肿瘤，但并不怎么大，比汉堡医学院的检查报告里写的小多了，没必要把膀胱全部拿掉，只需一个小手术切除就行了。手术时间定在10月6日，由他亲自操刀。

听了米勒教授的话，我们安心多了，心想，自汉堡医学院发现我的膀胱有癌细胞以来，我们就开始采用自然疗法，到现在已经快两个月了。癌细胞变小，是不是吃全素和每天散步一小时起的积极作用呢？我这个人很相信“天时、地利、人和”，世界上发生的许多事情，并不完全是偶然的。上天有一个主宰，决定宇宙的一切。而且我越来越相信命运，想起三十多年前我还五十四岁时的一次往事。

国内有位易经大师张家懋教授，曾在德国留学，取得了哲学博士学位。由于爱祖国，他自动返国效劳，正逢1955年全国发起肃清反革命的“肃反运动”，人人过关，他受尽审查批斗，还被投进监狱多年，后来无罪释放。“平反”后，他应邀来到汉堡大学做学术访问。

凡是到汉堡大学访问的中国学者，只要一见如故，我都会请他们到家中做客。张教授也不例外。我们素昧平生，他来我家，见到那么多中国书籍和中式古典家具，感到十分亲切。谈到过去，我忽然很激动，说话直言直语，他一直注意着我的表情，竟然直率地表示：“从您的面相，我能读到您坎坷的一生。”我虽然特别好奇，但是从不相信看相，心里想，就让你说说吧！他竟然把我这一生的曲折说得头头是道，并算出我是什么时候参加“革命”，什么时候离开祖国的。

听了他的话，把我吓坏了！心想：莫不是他是国内派来的？事先看过我的档案？不过，我这个区区小人物，到欧洲来，很快就进入大学教书，没事在家写写文章，从不隐瞒自己的历史，一举一动透明度很高，无须专门派人来刺探我啊？接着，张教授看到客厅墙上挂着一幅肖像画，就随口问，这是谁啊？我告诉他这是我的母亲，慈母辞世时，她向我万里传音告别，我从噩梦中大哭惊醒，当即伏案，凭回忆画了这张肖像，和她本人很像。谁知张教授说：“您把令堂的灵魂画出来了，我现在就借此肖像谈谈您母亲的一生。”我过去从来不相信世上真有人会看“相”，听了他的叙述，我觉得好像遇到了仙人，对他佩服得五体投地，并向他详述我的生平。临行前张教授说了一句：“关先生，您的面相很好，可以长寿，至少活过您的父亲。不过，不要揽事太多。我知道，令尊还健在。”

的确如此，我的父亲当时还健在，他老人家一直活到九十九岁零九个月才辞别这个世界。既然张教授预言我的生命会超过我父亲，我怎么可能很快死去。因而，当我听说我得了癌症，心里却一直很乐观。我1949年以前相信上帝，走向唯心，1949年参加革命，反对唯心主义，现在我又开始走向唯心，相信命运。

从柏林回来，我们一直在研究，汉堡医院给我们做的B超（超声波）、膀胱镜探测和CT（核磁共振）片都查出有不小的肿瘤，怎么米勒大夫说，肿瘤并不大，不需要动大手术，莫非我们这一个月的自然疗法确实起了作用？果真如此，我们再继续坚持做下去，是不是有可能把它消除呢？米勒教授说，手术虽小，也需要两个多小时，我真有点害怕。回家后我给米勒教授写了一封推迟开刀的建议信。

尊敬的米勒教授，从您办公室出来，心里获得不少安慰。我是一个从小看见打针就紧张的人，如今汉堡大学医学院要给我做膀胱切除手术，给我的心理压力很大。因而听您说，只要进行一个小手术就行了，心里特别高兴，而且您是国际上一个极为受尊敬的大夫，对您的手术我还是绝对有信心的。不相信您，还能相信谁？

上周我的儿子和儿媳从上海到汉堡来探视我的病情，见到我对生命的态度非常乐观，毫无精神压力，非常高兴。他们也同意给我进行切除手术，但他们又说，最近二三十年来，中国癌症患者数量越来越多，中医学的研究在中国研究得越来越深入，学术界已经出版了一些讨论治癌症中西医结合的书，相当受欢迎。一些论文建议，当癌症病人的病情稳定后，视其状态可以采取一些自然疗法，比如，一、心疗，保持心情愉快；二、体疗，练气功，散步，加氧气和呼吸新鲜空气；三、食疗，尽量素食，吃新鲜的有机食物。如此等等。

这些方法可延长生命，甚至也出现了癌细胞被消灭的奇迹。他们认为，由于我的年纪很大，癌细胞生长慢，再加上无论手术大小，都可能影响我这八十五岁老人的生活质量，使我丧失元气。儿子在回上海前，全家做了一个决定，可否先采取这些自然疗法，暂缓手术，两三个月后，再进行全面检查。如毫无效果，立即接受切除手术。祝好！

关愚谦　2016，9，16

信发出去了，我的内心空前的平静。我在珮春的指导下，坚持三疗：食疗、体疗、心疗，我的心情很平静，珮春反而坐卧不安，有时深夜起来，坐在沙发上暗暗流泪。我深觉不安，便乐观地对她说："天无绝人之路，我绝对相信我这个病没什么了不起，我感觉和常人一样，不像有的癌症患者，精神萎靡，身有异感。你看我们每天散步，练郭林气功，我的精神状态比一般人都好。你要有信心，咱们一起练，如果你这么无精打采，对我练功反而不利。"

从那天起，珮春提起精神，开始和我研究癌细胞的起源，以及它的生存可能性。珮春从早到晚翻阅研究肿瘤的中西文书刊。她在一本美国医学博士写的书里读到，世界上有几个少数民族居住的地方，他们祖祖辈辈以素食为生，癌症发生率极低。他们反对动不动就给病人做手术，并认为手术并不完全可靠。珮春又从网上调出几本有关防范和治疗癌症的中文、德文、英文书籍。有意思的是，它们都比较客观地分析癌症的起源和治疗方法。德国医学教授 Dr. Stephan Domenig 写的《碱性法则》一书中说，癌细胞实际上属于身体的一部分，年纪大的人抵抗力衰弱，体内癌细胞繁殖增多。癌细胞的发作，主要是人们不注意作息和饮食、暴饮暴食的结果。

联想到这两年，我们外出旅行以及应邀大学讲座过多，不注意饮食，而且抽烟。在德国，老实说没什么好吃的，一回到中国，新老朋友天天请客，一天两顿山珍海味，鸡鸭鱼肉，我不会大饮，但能大吃，胃口极好。就说 2016 年上半年吧，我们从北京，吃到山东、上海、苏州、杭州、成都、重庆，最后回到江阴，又大啃大嚼两天。脂肪太多，肠胃怎么受得了，膀胱里的好细胞也跟着吃坏了。肉是酸性食物，素菜、水果是碱性食物，这两种说法，我都听说过，但我从不研究它对身体的影响。珮春比我知道得略多，叫我多吃素菜，可是，眼见国内的好客主人在饭桌上摆着各类海鲜和鸡鸭鱼肉，哪有不吃的道理。

Dr. Stephan Domenig 在书中写到，如果一个人身上酸性过多，会助长癌细胞的繁殖，但是，酸性一点也没有，也会造成很多其他疾病。因而比例最好保持在酸性三成碱性七成上下。抽烟，也肯定有助癌细胞的成长。我开始变得非常听话，一切听珮春摆布，烟早就不抽了，她理论和实践结合，边读书，边实践。她到菜场，专找绿色食品摊买最新鲜的蔬菜，到健康食品商店去买各式各样我都没听说过的干果食品，成日泡在厨房配料。西方人很少听说过的黑芝麻、薏米、黑木耳、黑枣等，对珮春来说，小菜一碟，她什么都知道。总之，鸡鸭鱼肉、白糖、鸡蛋、白面包等酸性过强的食物，一律不上台面。

三个月又过去了，我的私人内科医生找到他的同僚，有三十年经验的泌尿医生葛博士。葛博士头大体胖，面带笑容，给我检查来检查去，在我小腹前后左右折腾了半天，出了一身汗，最后做出了一个让他疑惑的结论。医生又高兴又怀疑地对我们说："怪事怪事，见鬼了！肿瘤怎么找不着了！自从我做泌尿科医生以来，到现在，不知诊疗过多少病人，还没有出现过这样的情况。关先生，您患癌症这是无须怀疑的，而且做过 CT 片。我这检查设备是德国最先进的，哪怕是很小的一块肿瘤，都能看得见。"

于是珮春向他介绍了我采用食疗、体疗、心疗的情况，他听了好像听"天书"一样。"这样吧！两天后我们再做一次膀胱镜的详细检查。"

葛医生说。医生还让我们在刚拍下的照片上看了我第一次去汉堡医院做膀胱镜透视时，两个小癌块被同时切除后留下的伤疤，非常清楚。两天后，检查结果出来了，他仍未找到任何癌细胞。听到这个好消息，我们太高兴了。不过德国人的做事方法是打破砂锅问到底，医生建议我隔一个月再来做一次检查。

一个月后，我又到这位既怀疑又感到难以置信的汉堡泌尿科医生那里去做第三次膀胱镜检查。上周两次检查他未发现肿瘤，觉得不可思议，于是今天再来一次全面的360度搜寻，最后表示，三个月以后再来找找看。珮春太高兴了，这三个多月来她在我身上做的“小兔子”试验，取得了“癌细胞没了”的最佳成绩。我们不再吃鸡鸭鱼肉，凡是加过工的白糖和有关的甜类食品，如蛋糕等也一概不准吃。香烟当然不准抽了。

珮春目前天天泡在厨房，进行蔬菜研究，她发现，蔬菜尽量生吃，绝对有利健康。她很快在柏林的“健康食品”商店找到书里介绍的一些营养价值很高的食品，可以代替肉类的蛋白质。她发现，在许多非肉类食品中，如各种绿色蔬菜以及豆类如蚕豆、豌豆、扁豆、黄豆，干果类如核桃、杏仁、南瓜子、葵花子等都含有蛋白质，只是多少不同，都可增加身体的热量。现在的德国人越来越注重食品质量，这种商店价格比一般的贵，但生意仍然很好。欧洲一些地区这两年自产的植物油、醋和酱油，不但营养价值高，而且还能调味，拌在素菜里，美味可口。她又学会自己把豆类如绿豆、红豆买回家放在碟里泡，两天后发出来的新鲜的芽，对身体特别健康，把它和其他沙拉一起拌着吃最香，还能防癌。总之，她现在已经成为蔬菜和调料大师了，做出来的午饭素菜沙拉，以及晚餐的各种素炒，很是可口。我们现在已经和鸡鸭鱼肉保持距离，而且奇怪的是，它们对我已经没有什么诱惑力了。

我最近接到广东一位朋友发来的微信说：“我体内也曾经发现过癌细胞，有位德国女医生写的一本书，帮了我的大忙，现在我已完全好了，虽然已记不起这本书的名字，但作者名字好像是路德维希。”我们于是到网上去查，但是没有找到这个名字。珮春于是继续找，德国医疗界、卫生界、教育界、科学界都翻了一遍，却毫无所获。最后她试着打开“德国药剂师”一栏，跳出来 Dr. Budwig（布德维希博士）的名字。布德维希和路德维希只有一个字母之差，是不是她？她于是又加上“癌症”两个字，可爱的电脑立刻跳出一本书的名字《癌症》，副标题是“它的原因和治疗方法”。我看到了，几乎叫了起来。

珮春立即从网上订购，第二天就收到了。原来这本一百多页的书都是布德维希博士这三十年来对癌症进行研究的演讲稿和笔记，文字简单生动。她特别强调日用饮食中酸碱性搭配的重要性，主张尽量吃素。因为动物肉里面基本上都是酸性的成分，如果一个人身上酸性居多，会助长癌细胞的繁殖。但是，酸性一点也没有，也会造成很多其他疾病，因而最好保持酸碱比例在酸性三成碱性七成上下。

我成为老婆的临床实验品。因而她下决心，以身作则，不吃鸡鸭鱼肉。我是一个大男人，和她订立君子协定，小事她管，大事我管。最后我发现，和她一起生活了四十来年，家里没有发生过什么大事，连在柏林买房子也是小事一桩。主要不是她的错，是我懒得操心，满脑袋国家大事和世界大事都顾不过来呢！

不过，一日三餐，匹夫有责，必须过问，尤其是四方朋友纷纷关心我，要我“不要因为接受素食，体内缺少蛋白质，影响健康”。珮春一边广泛阅读一边细心安排我的食疗，总结出不少新经验。至于心疗，对我来说不成问题。我们现在生活愉快、家庭和谐，邻里相处无间。而且欧洲之大，有山有水的地方很多，现在的交通也太方便了。就拿我们的汉堡来说吧，虽说是地处北欧的商业大城市，但夹在欧洲北海和波罗的海之间，冬暖夏凉，一点也没有大城市的污染，另外我家就住在美丽的阿尔斯特湖畔，走到湖边只需要两三分钟。湖前是大片园地，古木参天，绕场一周需整整一个小时。说到体疗，三个月来，我们每天在湖边散步，练郭林气功。每天坚持打太极拳、自我按摩，每五天去汉堡方大师那里做全身按摩。这段时间，心情特别舒畅。

周恩来总理患癌症后，他督促中国医学界加强对癌症的研究，掀起了后来的研究高潮，效果显著。美国癌症专家 Dr. Campbell 教授写了一本书，名叫 *China Study*。他在 20 世纪 80 年代，去中国访问，万万没想到中国的癌症研究如此深入。他在 12 个省进行了民间调查，收集了大量癌症资料，证明西医和自然疗法相结合的重要性。我非常尊重他的这种科学态度。这就是我最近的心得。

我的一位患癌症的亲戚，从中国来到美国的医院动了切除手术，手术很成功。他还在因公到处旅行，完全否定这种自然疗法，并说他也没时间，做不到像珮春这样的耐心。他说得很对，要完全做到珮春式自然疗法，首先患者要有很多空余时间。但我认为，能做多少是多少，肯定是有帮助的。我希望上天能助我一臂之力。

3 Diana成了仙姑

不管怎么样，我还是觉得应该把患癌的消息告诉儿子，万一开刀需要他签字，那时通知他，他会非常失望的。没想到宝贝儿子关新的媳妇睢天舒（大家都叫她的英文名字“Diana”），立即斩钉截铁地在电话里说：“马上停止吃鸡鸭鱼肉，改吃全素。我正好要到欧洲办事，事情办完后去看你们。”儿子也决定专程来探望老子，和媳妇在德国会面。这比什么样的安慰都来得强烈啊！

经常阴天下雨的汉堡那几天也真争气，秋高气爽，阳光普照。他们见我红光满面，兴高采烈，没有一点患病之兆，不安的心放下了许多。没想到儿媳妇Diana现在已是四维量子风水测量专家。她手捏一条金链，链条下挂着一个小小的金属物，像占卜似的，到我们家的卧室、餐厅、客厅、写作室、厨房、卫生间各处测量。若这地方对我们健康有益，这金属物就向正方向转，如果有害，就往反方向转。有时候她还微闭双眼，仙姑似的念念有词。我问她在说些什么，她说，我向它提问题，它能听得懂。

不一会儿，答案出来了。我们的卧室风水极不好，不能住人。珮春的办公室，也不是很好，书桌必须换地方。饭厅、客厅和我的写作室都很好，尤其是我的写作室特别好。“怪不得您写出那么多书和文章来！”儿子高声地笑着说。接着她又从包里拿出一个电辐射感应器。我们家的电线，除了卫生间以外，几条连线都特别长，插头也特别多。她边测量边摇头，您家里的插头和电线的辐射都太厉害，而且尽量不要使用连线，它们越长，辐射越强烈。每件电器都直接接在电插头上，就好多了。我心想，我的妈呀！我家里用连线的东西太多了，电脑就好几个，还有电视、收音机、唱片机、录音机、电熨斗、电挂钟、电吊钟、电动刮胡刀、吹风机、电热水瓶、电热水器、电暖垫，哎哟！还有珮春用的无数的小电器，那我家墙角下要装多少电插头啊？总不能，拔那个，插这个，再拔这个，插那个，岂不忙死了？但是，看Diana那既美丽又严肃、一本正经的表情，我们夫妻二人和儿子只能跟在她后面转。人家是专家，我一句话不敢吭，要不然必会打击她的一片好心。

“这个卧室你们一定不能住，非常坏。您的病和这个睡觉地点有很大的关系。”Diana 说。我心想，那我们今晚睡到哪里去啊？我随口说道：“既然我的办公室好，就把床和书桌调换一下。”儿子高兴地说：“好！我来帮你！”儿媳妇终于笑了，也加上一句“我也来帮忙”。我没表态。儿子一看我的那个 1977 年从香港买来的红木雕刻“三英战吕布”的一米八长一米宽的大书桌和三面墙书架上摆满的书籍，大叫起来：“我的妈啊！这怎么搬得了！”珮春立即解围说，换房间也不是小事，还要重新刷墙，等你们回上海后，我会找工人来帮忙。总算是解了围。

儿子、儿媳专程来德国，我太高兴了，真希望他们多住几天。但是做投资的大老总夫妇，日理万机，只能在德国待三天。我忽然想起，我们在柏林的住房也应该去测量一下才好，于是问 Diana，在哪里可以弄到你手上这个可爱的怪物，我想把柏林的房子也测量一下。“那我们明天去？”儿子和他老子一样就是这样的性格。珮春立即反对说：“不行，你们昨晚刚来，还没有好好休息，后天晚上就走，怎么能明天就去柏林？开车要三个钟头，来回六个小时，吃得消吗？”“我来开车！”儿子关新说。“那还不如明天坐火车去，来回才三个钟头。”我直言直语地插嘴说。珮春瞪了我一眼，刚用德文说了一个“Du（你）！”，下面该是“你真不像话，他们多累啊！”就被儿媳打断：“那好吧！我们明天就坐火车去，顺便看看你们的新居！”我们关家门，女人至上，她一表态，就这样定下来了！我这个老头子当然非常骄傲，这么可爱的儿子和儿媳妇，打着灯笼也无处找啊！

次日中午，我们一行四人真的来到柏林，是坐火车去的。谁知，结果一样，我们的睡房给 Diana 一测量，只见那个小玩意儿，一个劲地往反方向转，越转越厉害。她抬头望向窗外，原来我们的小高楼对面是一座七层大楼，楼前的大场地一角，横放着几个大垃圾箱，隔得相当远，我从来没有感觉不适。但是敏感的儿媳妇说：“这个地方风水也不是很好，你们也应该挪地方。”我听后几乎晕倒，恨不得把那个恶作剧的小金怪物从 Diana 手中抢过来，打开窗户，把它丢到对面几十米外的垃圾桶里。

儿媳妇并没有感觉到我的失望，继续提问："你们汉堡的房子，地点是很好，附近又有大湖，你们的卧室和珮春的办公室都是朝南的房间，为什么会那么差呢？是不是过去住的房主人有什么不幸？"珮春忽然想起，我们汉堡的楼房底层，百年前曾是一个肉店，我们已故的老邻居告诉我们，花园地底下，还曾挖出过牛羊的碎骨头。Diana 听后恍然大悟："那就对了。我总觉得你们的大花园草地虽然很绿，可是风水不是那么好！而你们柏林这个家，闹中取静，外面绿树成荫，还是挺不错的。"听到她这句赞美的话，比听什么好话都觉得痛快！

这次儿子儿媳专程来汉堡探望我这个老头子，是我可欲而不可求的事。我这一生，自认为没有做过一件伤天害理的事，母亲在我小时候就教导我们"与人为善，助人为乐"。就是过去历次政治运动中，我也从来没有做过违背良心、迎合上级、拖人下水之事。我最看不起的就是那些为了向上爬向上级献媚、取得领导信任的卑鄙无耻的小人，他们做了很多昧了良心的事儿。我最最对不起、要向他们忏悔的是我最最亲爱的慈母言忠芸和爱护我的亲哥哥关迪谦，还有我的爱子关新。"文革"时，我不告而别，亡命他邦，让他们受尽苦难。尤其是，在母亲辞世时，我未能和她做最后的一次告别，这使我非常痛苦。她这一生太伟大了，教了一辈子书，桃李满天下，给国家不知培养了多少人才。临辞世前，却不能见到爱儿一面，这个世界太无情了！我这个儿子也太狠心了！但什么力量能够让我下决心抛开家庭，只身远逃他乡？我过去的解释是，我准备自杀，视死如归，一切都豁出去了。现在想想并不是那么简单。"文化大革命"这个"十年浩劫"，扭曲了人性，多少家庭被弄得妻离子散，家破人亡。我非常感动的是儿子并没有因为我不告而别抛离家庭，而不认我这个父亲。当我依依不舍地把他们送上回国的飞机时，我深深低下了头。往事不堪回首啊！

4 为自由浪迹天涯

1968 年初，中国正处在乌云压城城欲摧的日子里，我已经被政治运动弄得精疲力竭，但仍被所谓“阶级斗争一抓就灵”这条铁锁链紧紧地铐着，动弹不得。中国陷于无政府主义状态，政府部门瘫痪，老百姓怨声载道。我不惜生命，终于找到一个机会，挣开锁链，摆脱紧箍咒，偷了日本友人的护照，冒着生命危险，千钧一发之际，逃离了红色的天罗地网，来到非洲阿拉伯世界。谁知，又跌进另一个可怕的深渊——因非法入境，被埃及当局抛入十八层地狱。

在地狱里住了将近一年半，经过最后的绝食斗争，我终于离开了开罗监狱。骤然，我身上好似长了两翼铁翅，和孙悟空一样，腾云驾雾来到了联邦德国。宏伟的哥特式的大教堂，一泻千里的绿色大地，格林童话中描写的奇妙木屋，穿着迷你裙的金发女郎，这一切对我来说，如同做梦一般。当我独自一人坐在火车一个小包厢里，忽然想入非非，忽然又狂笑起来。我这一生还从来没有这么大声地狂笑过，是新生？是悔恨？是光明？是绝望？是幸福？是痛苦？甜酸苦辣同时涌上心头。幸亏铁轨声掩盖了我的窘态，不然，我很可能被铁路警察送去精神病院。

不管怎么说，踏上这块土地的第一分钟，我就点燃起对异乡生活的好奇和兴趣，我最最向往的是自由。历史上，有很多文化人对自由做了剖析，什么“不自由，毋宁死”，“生命诚可贵，爱情价更高。若为自由故，二者皆可抛”。可是，话又说回来了，什么是真正的自由？在德国也没有完全的自由，法律管得死死的。动不动就用法律来吓唬不懂法的人。你如果先出手打人，你再有理，也要吃官司。

一谈到自由，我三天三晚也说不完。联想到现在的上海，我也碰到某些年轻人要求的绝对自由——开车横冲直撞，利用互联网或手机电话骗取钱财。中国有十三亿多人口，制定的法律跟不上形势，如果谁都想争取绝对的自由，中国岂不乱了套？唉！中国太大了。回到中国才发现，那些奉公守法、不问国事、有个固定职位、丰衣足食的人，才是真正的自由。没有那么多烦恼，比起那些成天“先天下之忧而忧，为国是而操心”的文化人来得自由得多。

5 小魔术师，你真可爱

从柏林回到汉堡，把儿子儿媳妇送上飞机，回到家，已经是晚上10点多了。我和珮春，看着我们那已经住了整整四十年的寓所，站在床前发呆。这怎么办呢？这卧室不能睡，那我们在哪儿过夜呢？在客厅打地铺？珮春忽然想起我们客厅的双人沙发，拉出来就是一张活动的床。总算当晚睡了一个好觉。第二天早上醒来，珮春在餐厅桌上注意力集中地看她的电脑。“你这是干吗啊？这么早就起来玩电脑，有什么重要的新闻？”“比德，我们今天也去买这样的小魔术金球，我已经从网上查出来了，这样的小玩意儿，在德国玩的人也不少。网上有网友这样评价说：这种测量仪能给自己的东西测定它们的好或坏，甚至还可以测量自己的心事和今后的打算，但是不一定能替别人测量对方物件的好坏，不一定准，因为会有先入为主的影响。譬如我们有阳光的两个房间，阳光那么好，为什么风水那么坏？我要亲自试试看。你也可以试试！”“我？我行吗？”我怀疑地问。“为什么不行？”

珮春很快在汉堡市中心找到了这类店，买了一个更精巧的镀金小圆球，挂上金链条。她先测试她喜爱的东西，太妙了，小圆球都是朝正方向旋转。然后她去测量垃圾桶。真的，朝反方向转。这下引起了我的兴趣，我也开始测试起来。我先闭着眼睛向上天祷告，然后举起小圆球悬在珮春的头顶上默默地问：“我这个老婆好吗？”这个小圆球有好几十秒悬在当中不动，然后微微地动了起来。我心想，这玩意儿太不准了，我这个好老婆全世界第一，打着灯笼无处找，你竟然不表态？谁知，它立即扭转起来。当然是向正方向右转，越转弧度越大，它向我证明，这个老婆是非常好的。坐在凳子上的珮春开始不耐烦了，想知道效果如何。我摇摇头说：“这个小东西不准，为什么它总是往正方向转。走！我们去量量我们的卧室。”说着我把珮春拽了起来。

“我先来！”珮春迫不及待地举起这小怪球悬在我们床的左边我睡的地方，细声地问：“这里适合比德睡吗？”我紧张起来。只见这个小怪球非常安详地挂着，既不往左，也不往右。于是她把小金球收起，又徐徐放下。再问，仍是不动。这说明，这里是中性，不好不坏。于是再测她自己睡的地方，小金球起先也是不动，等了一会儿，才慢慢地向正方向小弧形地旋转。这说明，马马虎虎还可以。那为什么儿媳妇来测量时，结果会差距那么大呢？这正像互联网上介绍的，手拿测量器的人内心活动会起作用。Diana 由上海来就已经带着一个问号——“我公公膀胱内出现癌细胞，肯定与日常生活有关，最可怀疑的是睡觉的地方，每天在卧室，至少睡七八个小时”。带着这个疑点去盘问“小魔术师”，它的回答必然是负面的。

我们于是又去测量珮春的工作室，它和我们的卧室都是平行朝南的。天好时，两个房间都一样，阳光都很充足，唯一的差别是她的工作室前方是一个阳台。珮春特别爱花，阳台上种满了她喜爱的花草，非常漂亮。当然她测量的结果是正面的，弧度比卧室的大很多。于是她决定把我们的卧室和她的写作室对调一下，反正是隔壁房间，不需要兴师动众。我当然是闭着眼睛听她的。她开始迷信小魔术师了，立即征求了一下“小魔术师”的意见，调换房间好不好。只见这小金球拼命地转圈，当然是从左往右正转。可见心理作用的影响力对“小魔术师”有多么大了。既然如此，我们按照 Diana 的劝告，几天后卧室和珮春的办公室对调了。我们的双人卧床面向朝南的花园，透过落地窗，我们在床上就可以欣赏阳台上的花和远处的花园。

6 我与前妻美珍

儿媳妇在我们汉堡和柏林两个家测电、测房、测光、测地气、看风水，凡是该做的都做了，还非要测我的心，向我提出一个非常难回答的问题："您要好好想想，您最近一段时间都做了一些什么？有什么原因会让您得这个病？有什么事让您不愉快以至出现癌细胞？"她问得非常严肃，而且不厌其烦，一再重复，我只好顺着她的意思思索起来。想来想去，来到德国这些年来，如鱼得水，与珮春一起生活非常愉快，从来没发生过大的矛盾。在大学工作近三十年，与同事和学生相处和睦无间，退休后，仍和大家保持联系。与儿子一家相隔万里，但每次见面都很亲切，在经济上更没任何问题。汉堡大学是国立大学，退休后除了退休金外，还能拿到国家额外补贴，发不了财，但可以一直无忧无虑地生活到告别这个世界，除非发生第三次世界大战。总之，自我来到德国后，一切风调雨顺，想来想去找不出原因。但是，Diana 锲而不舍，还要我再想。夜深了，我在床上辗转反侧，一夜都没睡好。忽然想起，我的前妻美珍两年前在美国病逝，我很悲伤，常常回忆起我们一起生活的那段美好的日子。不时责备自己，难道是因为这引起的？

美珍是上海小姐，虽不是出身豪门的大家闺秀，但仍属于小家碧玉，在家是最被父亲宠爱的小女儿，父母亲的掌上明珠。但由于母亲没什么文化，父母结合是老传统的"父母之命，媒妁之言"造成的，谈不到什么爱。父亲有外遇，家庭不和，父母经常争吵，在她小小的心灵里留下了难忘的阴影，刻上了深刻的烙印。她天生丽质，在中学时被"中西女中"选为校花。进入大学，更是如花似玉，男同学人见人爱。但由于家庭成分"不好"，父亲是资本家，在学校内政治上受歧视，毫不奇怪，她的心灵一直受到创伤。我这个人，就是喜欢漂亮姑娘，我比她高几班。在一个新年除夕晚会上，她打扮得像个白雪公主，我则打扮成乌克兰勇士，身穿紧身马裤和上装。我请她跳快步华尔兹舞，在大厅快速旋转，获得全场掌声，被选为跳舞王子。我暗暗爱恋上她。那时我二十一岁，大她一岁。有这样漂亮的女朋友，我感觉是一种骄傲。

美珍在上海中学毕业后，一度在新中国成立前随二姐到台湾住过一段时间。二姐夫是国民党空军军官，她回大陆后，考进北京外语学院。正逢全国开展“土地改革”“抗美援朝”和“阶级斗争教育”运动，接着1951年又展开“肃清反革命”运动，要人人检查“个人历史”和“家庭出身”，与资产阶级家庭划清界限。美珍是处处沾边，经常被批判，她又是非常敏感自尊的人，身心受到很大伤害，性情越来越孤僻。

1957年初，中国共产党开展“大鸣大放运动”，号召党外人士“鸣放”，“帮助”党内整风，并在媒体上大肆宣传，鼓励群众给共产党和政府提意见，要求“知无不言，言无不尽，言者无罪，闻者足戒”。别看美珍私下和我常发小脾气，但大小会议上她从不发言，朋友也不多。倒有一个所谓的知心女同学Z，是她的室友，两人晚上关了门就随便说些不为外人知道的对社会、对学校不满的私人牢骚话。

我们1957年初结婚。1957年5月政府忽然宣布：社会上有一批右派分子，利用整风反党反社会主义，企图向党夺权。因而政府决定，在全国展开“反右运动”。这可是一件大事。自1948年开始，国内发动了土改、“三反”、“五反”、肃反等政治运动，都是大张旗鼓地发动群众斗群众，把挨斗的对象拉出来公开批判，自杀死亡的大有人在。

由于出身不错，当时我已被调到国务院财政部做苏联专家翻译，是青年团员。和其他一些翻译人员相比，我的俄文还算很不错的。就是在台下有成百上千的听众，我给苏联专家做口头翻译，不用稿子，相当流利，很受听众以及领导们的赞赏。无形中我有些骄傲自满，沾沾自喜，必然引起某些业务较差的同事的不满。尤其是从山沟沟里出来的党支部书记，自己说不了几句俄文，但又看不起我，终于找到“反右运动”这个机会整我。我和美珍当时还住在外院宿舍，开始他纵容我把外语学院里一些批评共产党的言论带回单位，“反右运动”一来，就把我当作斗争对象，动员其他党团员车轮战斗了我五个月，说我政治上、经济上、文化上、教育上、思想上反党、反毛主席、反社会主义。我的乐观的性格也被当时的车轮斗争一再扭曲，变成一头急躁不安的野牛。最后，部领导决定把我“充军”大漠青海，进行思想改造（详细情况在我的人生三部曲第一本书《浪》里都写过了）。事情发生的时候，正逢美珍身怀六甲告产假回上海，我没让她知晓。

7 是谁拆散了我们

谁知，北京的“反右运动”，愈演愈烈，多少脑子活跃的教授和高级知识分子都被激进的大学生揪出来上纲上线批斗。美珍的同学 Z 是个好表现、乱说话的女助教，响应毛主席的号召，“知无不言，言无不尽”，最后被揪出来批斗，要她交代问题。逼到最后，她把和美珍在宿舍里说的私房话，添油加醋地说了出来。

1957 年，政府定性：国家机关的知识分子中至少有百分之三到百分之五是右派分子，但是在学界、高等学府等知识分子成堆的地方，右派分子比率还要提高到百分之七到百分之十。这道命令一下，北京各大学的领导、人事部门，想尽办法找右派对象。外语学院年纪轻轻的党团员积极分子大学生更是变本加厉，把老师、教授一个个点名。就连当时的外院助教、我的同班同学杨雯和李宜生等二十出头的年轻姑娘，因为响应毛主席号召给党提意见，最后都被补划成右派分子。

美珍人不在北京，又未在会上发过一次言，就因为同学 Z 被那些无知年轻左派“逼、供、信”（强逼、供认、相信）的无情斗争，供出她和美珍的私下谈话，外院人事科为了凑上政府定的高百分比，也把美珍补划为右派分子。我怕影响美珍怀胎，没有告诉她。

坐完月子，美珍回到单位，已是 1958 年春节后了。当她知道自己也被莫名其妙地划为右派分子，立即怒从心头起，恶向胆边生。她心里的气愤使她走火入魔，对一切都不满，唯一的安慰就是我。我虽然被党支书也“打”成极右分子，但是，我的家庭出身是老革命，财政部管党政的是胡立教副部长，他和我父亲过去都在新四军工作，出来保护我，把我划到第六类，属于人民内部矛盾的“中右”分子。但很快又被人事部门凑数，把我“下放”到青海“改造”。

那时我们夫妻恩爱情深，真是到了难舍难分的地步。她知道，我一走，留下她孤家寡人，没人来安慰她。送我上车的那一段路上，她哭成一个泪人儿，那种悲伤情景，至今我也难以忘怀。我们两人心里都在想，我们到底犯了什么罪，是谁拆散了我们这一对恩爱夫妻？

8 人的心态被彻底扭曲

当时的青海，沙漠一望无际，机关干部大部分都是从陕西部队退伍的军人，可想而知他们是怎样的性格了，像我这样犯错误的知识分子自然受尽了折磨。自 1959 年开始，国内发生“三年灾害”，国防部长彭德怀向毛泽东上万言书提出中肯批评，但是其后却是“反右倾机会主义”的群众运动。政治风波又莫名其妙地刮到青海。这里哪有什么右倾机会主义者？我在西宁青海出版社做摄影记者，当时的党委书记为了完成任务，就找几个冤枉鬼来应付差事，我属于其中之一的右倾机会主义分子，作为漏网右派下放到青海湟源县山沟沟里的日月山生产大队劳动改造。这山沟是个穷地方，饿死人是常有的事，幸亏几个月后我又被换到青海湖去打鱼，才没有饿死。

三年后，我全身浮肿回到北京探亲，一个英俊的小伙子变成了黑鬼，美珍见到我吓了一跳，可想而知我是多么的狼狈。我曾希望她来青海陪伴我，但她反而向我单位正式提出离婚。这也是完全可以理解的。在青海生活时我给她的信中把青海描写得太可怕，她望而生畏。见了面，我又变成这么一个鬼样子，我怎能再拖累她？

国务院外办方毅副主任，曾是我财政部的前领导，他的俄文是我教的。就在我走投无路时，他听说我在青海受苦，生了恻隐之心，决定把我调回北京，到“中国人民保卫世界和平委员会”做对外联络工作。可是就在此前，美珍已被外院组织调派到山西大学去教俄文，实际上就是想清理北京外语学院的门户，把右派“扫地出门”。一个脱帽右派来到新单位，等于是被旧单位甩出去的泥渣，美珍来到山大当然更受歧视。可怜的美珍本来生活得好好的，被姐姐催促回大陆照顾母亲，结果遭此大侮大辱，受打击，被孤立。她的性格本来就很内向，许多想法都放在心里，那时的性格更是完全被扭曲，成为另类。

我们结婚一年多，夫妻真正在一起的时间还不到六个月，就被无情地拆分于两地，几年不见，双方已经生疏很多。我们夫妻二人的关系当然也会受到影响，再好的夫妻碰到一点小事，也可能会走向极端。

美珍1968年放寒假由太原返回北京。当时我的家住在和平里十区，和我母亲、儿子关新子孙三辈同住一个两间房公寓。美珍回来后第二天，就拉下脸冷冷地要我母亲到我姐姐家去住，已使我非常反感，接着她又强迫我向单位提出要求，把她调回北京工作。我这时才调来和平委员会，也确实向单位提出过让我们夫妻团圆的要求，但是人事科负责人告诉我："经过调查，你爱人是脱帽右派，不能调回北京工作。"我把这消息转告美珍后，她情绪完全失去控制，摔了碟子又砸碗。

1967年底1968年初的北京更是乱作一团，单位和社会一样，分成两派，互相斗得不可开交。我因为听了周总理的一句话："响应毛主席号召造反了没有?"当晚回家用毛笔写了36张报纸的大字报，后来被和平委员会造反派选为领导成员之一，负责对外联络。某天，"北京外事单位联合造反团"要我去参加他们召开的行动大会。大会主持人竟然是要大家研究如何把外长陈毅和总理周恩来抓到外交部来批斗。我坚决反对这一做法，和他们大吵起来，差一点大打出手。气尚未消，回到家里，看到美珍拉着一个长脸，要我跪下，并说"你原来有了外遇，所以才不同意申请让我回北京"。我丈二和尚摸不着头脑，她则气得浑身发抖，手中拿着一个信封说，"这就是证据"。我于是去拿这信封要看个究竟，她不给。

"文革"时期，个个脾气火爆。我本来就有一肚子气，两个人竟然扭作一团，滚到地上。我抢来信封一看，原来是我给上海大学生阿德拍的一组照片，还没来得及寄给她。美珍竟然趁我不在家，私下翻我书桌里的东西。我气得把门一关，把自己反锁在小房间里，躺在我母亲的床上。"反右运动"时期带给我的不规则心跳症又犯了，不管她如何敲门，我都不开。谁知第二天，她把她的姐姐、姐夫叫到家来，用红卫兵"逼、供、信"的方法，对我拳打脚踢，要我交代我和阿德的男女私情。这时是夏天，窗户大开，左邻右舍都可以听到，我恨得咬牙切齿，恨恨地说："是的，你这个臭娘儿们，脾气那么坏，我在青海受苦时，你提出离婚，现在又非要我把你调回北京。我就是喜欢她，怎么样!"

阿德，确有其人。在她读中学时，忽然得了淋巴结结核，但家庭贫困，连自己家的油盐酱醋都很难维持，哪来钱医治？她是我母亲的学生，我们家虽然也穷，但母亲仍然帮助她治病，她终于恢复了健康。从此阿德也称呼我母亲为妈妈。1966 年，毛泽东忽然提出各大专院校可以免费乘火车串联，在全国刮起串联风。阿德已是大学二年级学生，和她的一个女同学一起到北京“串联”，住在我们家。她对我的母亲和儿子非常好，帮助母亲干活，非常可爱，我把她看作自己的亲妹妹那样对待，带她们玩北京城，给她们拍了很多照片。几天后她们回上海了。阿德来信写得非常亲切，说很想我们。但是，在美珍和她姐姐的眼里，大概立即联想到她们背叛母亲的父亲，认定我有了外遇。她们姐妹二人出身资产阶级家庭，“文革”时期，都在大学里受红卫兵的气，相信什么“龙生龙，凤生凤，老鼠的儿子打地洞”，心中有气无处撒，现在可是找到了撒气的机会，把所有的气都撒在我身上了。

美珍对我拳打脚踢，把我惹火了，她万万没想到，过去一直溺爱她的我，气从胆边生。最让我生气的是她对我母亲的大不敬，于是我把过去对美珍的气都翻了出来：“是的，我就是和她好，你想怎样？”谁知她一怒之下，竟然背着我，到我单位造反派去告状，说我是个“无耻、生活腐败、乱搞男女关系”的大坏蛋。

尽管毛泽东、周恩来等领导人一再呼吁“复课闹革命”，但两派学生们已经斗得就差厮杀了，社会的动荡和混乱已无法制止。毛泽东接着指示：“知识青年到农村去，接受贫下中农再教育，很有必要。”随即在全国范围内开展了大规模的知识青年“上山下乡”运动。与此同时，“中央文革小组”还提出“国家单位的两派必须立即终止互斗，实现大联合、三结合”。

美珍的告状，正逢其时，单位的两对立造反派领导人立即提出：“联手打倒生活腐烂分子关愚谦，实现大联合。”于是墙倒众人推，大家纷纷写大字报，谴责我是挑拨斗争的“黑手”，把我骂得体无完肤。这还了得，我成为反革命了。“人有脸，树有皮”，我堂堂一个正人君子，连阿德的手都没牵过，你美珍明明知道当前社会上两派斗得你死我活，你这不是把我往火坑里推吗！我知道，挨斗这一关我是逃不过了，甚至可能再次被送往大漠青海劳改。单位里的年轻人已经成立“红卫兵团”，我甚至可能会被激怒的人群活活打死。这种冤枉气我哪里受得了，起先我有过自杀的念头，打开我的办公桌抽屉，找刮胡刀片想割腕，忽然发现一本日本护照，又改变主意，冒险拿日本朋友的护照，逃之夭夭，终于躲过这一劫。这一惊险的故事我已在我的第一本自传体纪实文学《浪》里写得很详细，这里不想再重复了。

9 我还是个幸运儿

我已经八十五岁高龄，之所以还在这里回顾这些痛苦的往事，说明一个问题，一个人受了委屈，终生难忘。我希望在我一命归西之前，让一些不知实情而乱猜、乱责备我的读者了解，当时中国人民的灵魂被扭曲成什么样。有关我和美珍这一段恩恩怨怨、悲悲惨惨的故事，我从来没有向任何人讲过，包括我的儿子。现在儿媳妇要我追忆往事，想不到往事涌上心头，我竟然在儿子、儿媳和珮春面前失态地大号大叫起来，这是我一生从没有过的。我为自己，也为可怜的美珍这一辈子的苦难而流泪。

我其实还是个幸运儿，自从我逃离祖国来到德国后，很快凭借我过去在国内积累的学识，在汉堡大学获得了钟点讲师职位。我发现在德国，部长、司长等不为人羡慕，但你有个学术头衔，很受尊重。既然和德国大学挂上了钩，上天决定我走这条路，我于是坚持苦干，死钻德文，两年后拿到硕士学位，1973 年提为汉堡大学正式讲师（Lector）。又五年，1977 年拿到博士学位，在汉堡大学获得终身教职，提升为高级讲师（Dozent），获得教授头衔。

第二章　出水才看两腿泥

10 我的脑细胞在起变化

我是1969年到欧洲来的，虽然我在国内受到几次政治运动的冲击，最后逃出国门，但是我永远没有忘记，在当时我是唯一一个从大陆来的中国人。那些用恶劣手法对待我的干部，只是个别的人，不代表国家，何况我的全家除我以外，父母兄姐都是老革命。他们鞠躬尽瘁，死而后已，为革命献身一辈子，没有拿过一分不义之财，我不能给他们丢脸。现在，我既然已经一失足成千古恨，那我就要做一番事业给众亲友看看。

我在国内本来就是闲不住的人，现在到德国来，很快就在大学找到工作。那时我什么也不想，就是一个心思：先把学生教好，把德文学好。我是一个天生的乐观派，很快就交到了华人和外国朋友。最让我痛苦的是与国内家人联系不上，但我只允许自己痛苦十分钟。最让我觉得安慰的就是认识了珮春，并和阿尔斯特湖做了多年的朋友。

记得我1969年第一次来到阿尔斯特湖边，上游有几家工厂，故而湖水比较浑浊。没想到几年后，市政府让工厂一个个迁走，湖底进行治理，湖里长出水草，我竟然见到小鱼在湖中游泳了。随着湖水的变化，我的头脑也在变化，处事冷静多了。我逐渐发现，我们的国家最缺少的就是德国这种多元化的、互相竞争、推动社会进步的因素。

11 不速之客带来的惊喜

1980年的春天！我那时已经离家十多年，返国的希望渺茫。忽然，我汉堡的家来了两位不速之客，一男一女，都是德国中年人，穿着都很讲究，特别是那位女士，虽然已经徐娘半老，但线条依旧，淡妆素抹，很有品位，令我很不自在。大学东方学部办公室秘书只在电话里告诉我："一家私人出版社有两位工作人员想拜访您。"我是一个从不会说"不"的人，就一口答应了，并未把它当作一件大事，穿着很随便，下身牛仔裤，上身白衬衫，外面只套了一件深蓝色晨服。太不像样了，不过再去更衣，已经来不及了。

我一听介绍才知道，这个出版社知名度在汉堡相当高。来访的女士莱内克太太是出版社副社长，又是社长夫人。男的是行政部主任葛兹先生。他们开门见山地表示：他们的出版社不但出版书，还分别用英文、俄文、匈牙利文、罗马尼亚文、希伯来文出版介绍联邦德国的综合性杂志，其经费来自联邦德国国家出版总署。

莱内克太太，五十来岁，很健谈，一听就知道她是一个有品位的人。她向我表示，随着中国的对外开放，出版社想出版一本中文杂志，介绍德国的文化、科学、技术和中德友好往来，对象主要是中国内地的读者。他们目前急需一位了解中国的中国文化人当顾问。

"你们怎么找到我的？"我问。"我们找到汉堡大学，大学东方学部直接推荐您。"葛兹先生补充说："您过去做过编辑工作吗？""我不但做过编辑，还办过杂志。"我立即想到我在青海编辑和协助创办《青海画报》的事。"这个顾问的具体任务是什么呢？"我问。经他们解释，这本对华杂志只讲友好，决不介入政治，不能出一点影响两国关系的文字。他们不懂中文，因而要请个顾问来把关。"那您找对人了。这个人还要是从中国大陆来的，是吧！在德国，这样的中国人不多。"我说。"那太好了！如果您愿意，我们也可以请您当我们的中文杂志主编，付主编工资。"莱内克夫人说。"可是，我在大学有正式编制，不准身兼二职。"

我老实地说。“当然，您属于我们出版社的编外人员，每期拿报酬而已。”莱内克太太安慰我说。我一听，心里好像开了花。

我发现，我这个人运气真好，1973 年在汉堡大学拿到普通讲师职位，1977 年拿到博士学位，立即在大学获得高级讲师职位，还是终身职位。1978 年，中共十一届三中全会，邓小平提出全面开放，胡耀邦总书记提出平反“冤假错案”，这对我来说，是彻底的解放。摆在我面前的路，顿时宽广很多。不少文化界、经济界的德国人士希望和中国方面往来，但苦无门路。他们于是找到大学，大学自然而然地推荐了我，我的家庭生活也大大改善。

当天夜里，我辗转反侧，难以入睡。说心里话，不管你是谁，你生活在国外，长一个中国脸，你永远是中国人，哪怕你从小在欧洲长大！我的心理状态是德国是德国，只要不少发我工资，你国家经济再好，与我无关。但是，中国，是我从小生长的地方，我永远是中国人。中国好，中国强，我会很骄傲，我的腰杆就比过去硬。是的，我在国内受委屈，是个别干部的行为，这也与我个人的性格过于天真、随性有关。我好说好唱，大大咧咧，自以为很开朗，见到漂亮姑娘爱说些俏皮话，在他人眼里，就觉得你骨头轻。

而我这开放的性格在德国就好多了，在这个自由的国度，只要你不犯法，人缘不错，有固定收入，行动自由自在。但我有个原则，“家丑不可外扬”。在“外国人”面前绝不数落国家的丑事，因为这只会给人造成误会。自从 1978 年中国宣布对外开放后，我摩拳擦掌，心花怒放，真想为国家做点事，也想给亲朋看看！小关！关愚谦！不是你们所想象的“叛国分子”“卖国贼”。俗话说：“出水才看两腿泥”，现在，是机会了，我要让全中国的人都知道，我关愚谦，站得直，坐得正，不像那些不要脸的人，在国内一嘴脸的“万岁”政治，出来就骂“娘”，在洋人面前把自己的国家说得一无是处。这还不够，还要添油加醋，不承认自己是中国人，说自己是“国际人”。你丢自己的脸没关系，把中国人的脸也丢尽了。

但人在欧洲，除教些大学生外，又能做点什么文化桥梁工作呢！自从我来到德国，发现这个国家确实有不少可学的地方，工业技术一流不用说，而且他们做事严谨，大部分国民严格律己，一方面服从性很强，另一方面对国家的政策也不断批评，但态度严肃，我很少读到那些谩骂胡来、流氓式的文章，说明这个民族相当有教养，国家富有我看也就是这么来的。我心里早就闪过一个念头——办一个杂志，名字叫《桥》，把中国的优良传统介绍给德国，也把自己在德国社会上看到的好的一面，介绍给国人。如果中国有一半的年轻人能读到它，获得教益，该有多好！我曾经把这个想法告诉珮春，她立即摇头：谈何容易！既无财力，又无人力，哪来这样的机会？

现在德国方面竟然主动提供这样的平台，不问政治，只讲友好，介绍德国各方各面的新发展，而且，杂志内容由我把关，这岂不是正中下怀？我越想心里越激动。接着又从我个人角度来想，我目前的经济负担很重，国内亲戚朋友一个接一个把子女送到国外来读书，要我资助，况且，中国一开放，祖国来人应接不暇，有些人急需一些帮助，我的经济开始紧张。这样一来，岂不一举两得？我的运气怎么那么好啊！

12 《德中论坛》竟然被我闯出来了

我这个人从小就是胆大包天，只要想到做什么事，就会去闯，有时闯得头破血流，当然，也有闯对的时候。最后，我不是闯到德国来了！自从我来到德国，很快被大学聘为讲师，没有那么多框框，我自由自在地选材教学。但是，在中国，我太知道了，办一个外国杂志，哪那么容易？

联想到在北京出版界，我有几个熟人。想当年，我在财政部做苏联专家翻译的时候，曾翻译出版了三本俄文书，当时和我联系的那几个编辑，现在都是出版界的领导了。可是和他们在电话上谈这种事，怎么说得清？而且那时我还没被批准回国。一位刚从北京来、从事出版业多年的老相识来我家访问，听说此事，一再摇头，说外国人在中国办杂志，绝不可能。即使再改革开放，也不可能一下开放到如此地步。他建议我找国家新闻出版总署摸摸情况。我的心立即凉了一半，我发现，事情没我想的那么简单！转念又想，在中国，能有这么一个全面介绍联邦德国的中文杂志，又不愁找人投资，哪里去找这样的好事？我这个人，只要心里有心事，夜里就睡不好觉。我常想，母亲啊！娘啊！您不是常常对我说，长大后要给国家社稷多做点好事嘛！现在，我人在欧洲，如果这杂志真的能办成，我岂不是在搭建中德文化之桥上起到作用了，这样的机会哪里去找？那么您——我亲爱的母亲，也会感到无限安慰吧！

真是上天有眼，就在这节骨眼儿上，1980 年秋，我骤然接到中国驻联邦德国大使馆的通知，上面写道：“近接国内有关方面通知，同意发给你去中国的签证。今寄上表格两张，请你和夫人填好后，连同护照寄来我馆办理回国手续。”别看这封信简短，公事公办，我至少看了几十遍。它如一道大赦令，向一个判死刑的囚犯宣布无罪。它又好像一个天使，在用它的金钥匙为一个死囚犯打开一道通向自由的大门。十三年来，我泪已哭干，已经死了回故乡的心，我好像一只被主人抛弃、流落在街头的丧家犬，现在，终于又可以回家了。

记得“文化大革命”闹得最厉害的1968年，我从北京逃离祖国，坐在飞机上向非洲飞行的那一天，在机舱小窗前痛哭流涕。我知道这一生我可能再也不能回家，再也看不到生我养我的母亲和每天叫我爸爸的儿子了。现在，“四人帮”被打倒，“文化大革命”被定为“十年浩劫”，我这个“浪子”竟然被允许回乡探亲，这是天意啊！这不是命还是什么？每次想到这里，我总是热泪滚滚。

自从和莱内克出版社建立联系以后，我到出版社去了几次，社址就在汉堡阿尔斯特湖畔的另一头，和我家遥遥相望，开车几分钟就到了。这位莱内克老社长和我特别投缘。他和他的夫人不一样，到苏联去过几次，知道在社会主义国家出版外国杂志是很不容易的。但莱内克先生是个社会民主派，事业心极强。他读过中国历史，对中国一百多年来受外国压迫的经历很表同情，对中国的1949年革命也很理解，对我这个执着的人好像也特别信任。当他知道我在“文革”时出走，现在又得到允许回家探亲，特别感动。他们夫妇二人专门在阿尔斯特湖畔的一个三星级饭店，请我们夫妇吃饭。我永远不会忘记聚餐结束时他站起来对我说：“关先生，很幸运在我晚年时还结识到您这么一个有性格和有传奇历史的中国人，我相信您这次回中国会成功的。”我也对他们说，既然中国对外开放，邓小平也提出要向西方学习，那么，德国主动出版一个介绍德国先进科技和文化的杂志，岂不正合国家需要？我一定尽力而为。

在国内待了一个多月，主要是探望家人和陪伴珮春旅游，唯一的公事就是联系办杂志的事。我从中国回到汉堡，理所当然，要向社长莱内克先生汇报，他也迫不及待地要和我见面。“社长，您给我的任务，我把它当作第一要务去做。回到北京，即与我在德国认识、现在在北京一家重要出版社——商务印书馆当领导的杨德炎先生见了面。他是一个思想很开放的人，来过德国，对德国的印象极好。自从他到德国访问以后，发现这个国家真了不起，在工业和经济方面非常先进。回国以后，他曾和中国领导人赵紫阳智囊团内的朋友讨论过，如何把德国的先进经验早日介绍给中国。他也曾想以商务印书馆的名义办一个杂志，可是谈何容易！谁来写？谁来编？

“和他见面几天后，他就安排我到中国国家出版总署去和署长见面。大概杨德炎先生和署长两个人事前有了默契，署长直截了当地对我说，在中国出版一个公开出售的外国杂志，还没有这样的先例，而且，开了这个先例，别的国家也来办，岂不让中国被动，估计上面很难批准。但是，这样的杂志对加强中国和联邦德国的友好往来绝对有好处，他们于是提出一个两全之计：建议这杂志不在市场上公开发行，由德国大使馆作为宣传资料放在使领馆内，由来办签证或办公事的人自由拿取，同时也可以由德国使领馆邮寄给中国各个学术机构和企业、文化部门，他们协助开绿灯。他们认为，只要内容是友好的，一定会很受欢迎，别的国家也就没话好说。如果德方同意，请出版单位写信来，他们再向上级提出申请，估计会批准的。”

听我汇报完毕，莱内克社长皱了皱眉说，这样做对联邦德国新闻出版局来说，还没有先例，官方的领导人都是相当固执的。他让我听他的消息。几天以后的一个中午，莱内克社长亲自打电话给我，约我一起去波恩联邦新闻出版局。他说："我把这事向出版局的官员说了，他们未置可否，要我请您一起去波恩，说服他们的领导。"

1981 年 5 月，在德国最好的季节，春暖花开时，莱内克社长带着负责该社几个杂志的总编德沃夏克先生和我一起，乘火车前往当时的联邦德国首都波恩。车上三人有说有笑。德沃夏克这位总编，性格非常开朗，面容慈祥，为人随和，文人味道十足，我们一见如故。听出版社同事称呼他“安东”，我大吃一惊。我知道捷克有一个世界知名的作曲家，叫安东·德沃夏克，他的《第九交响曲》闻名全球，难道，他也叫安东·德沃夏克？另外一位同事哈哈大笑地说，大家这么称呼他是开玩笑，他也就这么接受下来了。可见他为人开朗。

一路上，我成为主讲人，给他们讲访华的故事，他们对中国非常感兴趣。“安东”直言直语地说："关先生，您的历史我略知一二，您既然离开中国，为什么还如此爱中国？"这个问题把我问住了，我一时语塞。我也开始回想，我在月前还心灰意懒，怎么现在一谈到中国，还是那么激动，什么原因促使我这样的呢？最终，我对他说了这么一句话："因为我在日本帝国主义统治下做了八年的亡国奴。"这句话相当有说服力，说得他们二人不禁动容。

来到波恩，我们在一家高级饭店见到联邦德国新闻出版局局长，一个典型的德国文化人，心直口快，和我这么一个无拘无束的中国佬还蛮合得来。我像一个说客，把我此行在中国看到的改革后的乐观景象以及国人急于向欧洲汲取经验的心情渲染了一番，并反复强调，办此杂志的及时性和重要性。中国是社会主义国家，能批准德国杂志进来，已经是大手笔了。“可是这杂志只能被中国有限的人阅读，不可能进入社会呀！”新闻出版局局长说。“您准备出多少册？”我问。“一万五千册到两万册。”“中国有上十亿的人口，两万册不多。目前最关键的是让那些在政府机构工作的有识之士和在大学、研究所、企业里工作的知识阶层读到它，他们是改变中国起决定作用的人。而且，这种杂志，如果内容好，会一传十、十传百。我在中国生活了三十多年，我知道，目前的中国人是多么渴望知道国外的情况，尤其是西方国家。这个杂志如果办得既是高层次的又兼具通俗性、趣味性、可读性、知识性，肯定会在中国受到欢迎。”从那个新闻出版局官员的眼神里，我发现他好像有点被我说服了。

回汉堡的路上，社长满意地对我说：“关先生，您今天谈得很有说服力，如果这个杂志被批准了，我一定委任您为这本中文杂志的主编。您同意吗？”我高兴地回答：“当然！在总编的领导下，我会尽力做好我分内的工作。”“安东”高兴地站起来和我拥抱，并说：“您对中国读者很了解，这本杂志您要多费精力，多提出内容，我来组织人力去写，但还需要一批翻译人才。”

果然，几个星期以后，好消息传来，这本中文杂志被德国和中国两国相关部门批准通过了，由莱内克出版社负责出版。联邦德国新闻出版局也和中国驻波恩大使馆联系上了，双方达成协议。当时的中国驻德大使张彤非常兴奋，亲自将杂志命名为《德中论坛》。最后的协议是这本杂志系非卖品，由德国大使馆委托中国邮局按大使馆提出的经中国方面同意的地址寄发，赠送面相当广泛，中国各主管部门及各文化和大学机构的图书馆和国家领导人都收得到。余下的则放在德国使领馆，随便拿取。

为了让国内放心，出版社接纳了我的建议，杂志稿件除了我用中文写的文稿以外，其他由德国编辑提供的德文文稿，都委托给北京世界知识出版社的德文翻译小组翻译。当时的社长也是我过去在国内的朋友兼同事，出版社有额外收入，高兴还来不及呢。印刷任务则交给香港三联书店下属的中华印刷厂。三联社长蓝真、副社长萧滋是我的好友，表示全力支持，派专人做监督，并负责把杂志安全寄发给北京德国大使馆。

我的任务则是对稿件提出要求，配合总编一起研究版面，负责监督杂志的内容，不要出现一些对中国不友好的文章和字句，并负责做最后翻译稿的校对工作，我自己写的稿件则由我自己文责自负。哪里找这么好的园地？我太高兴了。

第一本杂志印发出来了！“德中论坛”四个醒目的毛笔字是我亲自写的，小标题是“德意志联邦共和国杂志”。除了一篇联邦德国的简介，内容都是轻松的：德国的科学与技术、德国幼儿园、莱茵河畔的首都波恩、中国留学生在德国、德国的足球，最后是《友谊之桥》专栏。三分之一的文章都出自我的手笔。让我到现在还美滋滋的是，有些新词的翻译是我想出来的。例如现在的“Air Bus”，我最早把它翻译为“空中巴士”，后觉得“巴士”是广东人的方言，后改译为“空中客车”的。但这也没什么了不起的，主要是这本德国杂志是第一本面向中国读者的杂志，许多新词汇在国内还没出现过。有些译法我还要找汉堡大学的其他华人同事一起商量。但谁又能想到……

13 “关愚谦”三个字闯下大祸

经过近两年的策划，《德中论坛》第一期杂志出版了。印刷、纸张都是世界一流的，封面设计非常抓人眼球，封面的底色是诱人的深蓝色。当时国内杂志的印刷水平还远远达不到这样的高质量。令我特别满意的是杂志的扉页上，用蝇头小字印着：总编德沃夏克，中文主编关愚谦。我心想，这应算是对我这两年来辛苦劳动的尊重和回报吧！

《德中论坛》发行没几天，出版社忽然接到德国驻北京大使馆十万火急的电报，说中国方面禁止该刊发行，原因是该杂志最后一页的一则新闻消息里，介绍中国国防部长耿飚和德国友人友好见面，把耿飚的“飚”字误排印为林彪的“彪”字，说这是一个严重的“政治事件”。社长急了，他不懂中文，立刻打电话要我去。我一听就知道，这纯粹是鸡蛋里挑骨头，故意找茬儿，哪有因为排错一个蝇头小字，两万册杂志都不准发行的道理？我于是向社长和总编再三解释缘由，林彪，一度是毛泽东的接班人，后来林彪叛逃，坠机蒙古，从此成为反革命。

“那也不能因为一个人出了问题，这个字就不能用了。”总编德沃夏克气愤地说。我心里知道，“醉翁之意不在酒”，实际上这是有人冲着我这主编来的。电报来，电报去，中方最后总算勉强答应，两万本杂志无须重印，但必须把所有的“彪”字改贴上“飚”字。我于是又赶紧和香港的排版公司、印刷公司联系，要他们印两万个“飚”字出来，寄到北京。负责和我联系的人听后骂起娘来：“这些人是不是吃饱了没事干了，下一期写个注，不就行了。”德国大使馆收到两万个“飙”字以后，动员全馆人员一起做贴字“游戏”。他们心里是怎么想的，就可想而知了。

杂志终于在中国和读者公开见面了。发送地址是北京新华社提供的。由于它是绝对讲友好的，我们很快接到国内读者的来信。哪里会想到，发行还不到一个月，莱内克出版社的邮箱打破了有史以来的收信记录，塞满了由中国各地寄来的信件，不仅是一片赞美之词，还希望读到更多的有关德国的文化、体育、家庭生活的文章。当然，把这些信翻译成德文又是我的任务。莱内克出版社共有七十多个工作人员，社长开香槟酒祝贺，并说“出版社出版了那么多种文字杂志，还没有过这样的成功”。莱内克社长高兴得忘记了他是一个非常有身份的人，紧紧地把我拥抱起来。这些读者来信，对我太刺激、太宝贵了。我一直把它们保留至今，不时还翻出来看看。

一波刚平，一波又起。杂志出版后没几个月，莱内克社长又立刻请我到出版社去一趟，说有紧急事相商。又出了什么事？我的心又揪到了一起。赶到出版社，只见社长、总编和几个编辑部主任都在座，一个个耷拉着脸，见到我不像往常那么热情了。我知道，又出了大事。“关博士，请坐！我们刚刚接到联邦新闻局的来电，说中国有关方面向德国驻京大使馆发了个电话照会，说为什么‘德中论坛’竟让一个中国‘政治异己分子’当中文主编？”社长有些怨意地说。他的话音一落，我的脸色发白，浑身发凉，差点当场晕了过去。看到我这个样子，他们吓坏了，立即给我递毛巾递水。我几乎在众人面前哭了起来。为了给中德文化交流搭路、筑桥，我日夜不眠地在工作。如果对我到德国后的表现毫无所知，还情有可原，现在，中国大使馆一方面主动批准我回国，嘱咐我多为祖国的四化建设出力，另一方面国内有人如此神通广大，竟然能影响到德国大使馆，侮辱我的人格，这岂不是逼人太甚了？而且，我又如何向这些洋人解释呢？我决定撒手不干了。

“莱内克先生，我不知道这是哪里来的照会？为了这本杂志我已经尽了全力，现在总算出来了。您现在可以找一个新人来代替我，我不想干了。”“关先生！不行！接到这个电话我很气愤，中国方面没有权利干涉我们德国出版社请谁当主编。通过两年的合作，我们对您非常满意，我们到哪里再去找像您这样合适的人选？您如果不干，这本杂志很难办下去。我也把这个意见告诉了新闻出版局，他们也同意您继续工作下去。”

他说的这几句话让我很感动，我也知道，像我这样合适的人选，在八十年代初期的德国，确实很难找到。《德中论坛》刚刚出了第一期，就因为我发生这么多事，为难了社长。我想，好吧！把我的主编名字去掉，这样，对方就踏实了，也找不着毛病了。我于是对社长说：“承蒙你们看得起我，我同意继续当主编，但是为了这本杂志的顺利发展，我建议从下期起，不要把我的名字放上去。”我这话一说，气氛缓和很多，大家吊起来的心终于放了下来。这也是他们的想法。总编说：“按道理，办一本杂志，谁担任什么职务都应该把名字放上去，这是对读者负责。何况一个中文杂志，没有一个中国人协助主编是不可能办好的。我同意暂且不把您的名字放上去，先缓和一下。”

走出出版社，我那多少年没有再犯的不规则心跳过速和偏头痛的毛病忽然又出现了，那是“反右”时期被轮番斗争落下的病根。我被“充军”青海后，曾经犯过多次，但是间隔时期比在北京时长了。到了德国，最初几年还犯过几次，到后来，越来越少，这五六年来就没再犯过。我坐在汽车里，心情的痛苦无以复加，而且，无论你向谁解释，没有一个人会理解你。我觉得我太傻了。这不是没事找事吗！你对祖国一片赤诚，希望在国家建设上多做点好事，可是对你的回报却是无情的打击。难道，这些人不想想，这种处理我的方法，已经超过国界，它在德国当事人的心目中会对中国留下什么印象？自从“四人帮”被打倒，已经过去六年了。我非常奇怪，谁在中国有这么大的能量，竟然能够左右德国驻京大使馆？我知道，这不是国家的政策，而是某个人妒忌我搞的鬼。

我于是把这个情况写信告诉一个当时在外事单位工作的老朋友。他打听到，确实是有人向有关部门告恶状，就是我过去的老单位“中国人民保卫世界和平委员会”，“文革”时期的对立面，对我目前的处境非常嫉妒和不满。得到这个消息，我真是哭笑不得。中共中央明明已经彻底否定“文化大革命”，说它是“十年浩劫”，为一切受迫害者平反，我难道不是受害者吗！一个很好的家，在“文革”期间被弄得妻离子散、家破人亡，连自己的母亲都未能见最后一面，难道还要我赔罪，天理何在？

14 《德中论坛》好评如潮

真没想到,《德中论坛》发行后没到一年就好评如潮，读者信件不只是来自北京、上海等大城市，还有来自云南、四川、广东、广西，甚至来自西藏的。其中不少还写着“关愚谦先生收”，也不知他们是从哪里得来的消息。读者来信把出版社的邮箱都塞满了，但是出版社的人，除了我以外，谁也看不懂，因为都是用中文写的，它们有的现在还躺在我汉堡家办公室的“《德中论坛》读者来信”档案袋内。中国读者们当时如饥似渴地想了解德国社会，还提出许多增加内容的具体要求。老社长夫妇更是高兴万分，请我们到最高级的西餐馆吃了一顿法国大餐。

我为此很满足，早把“主编”不“主编”置之脑外。但是社长和总编没忘记，两年后，他们又把“主编关愚谦”的名字重新放在杂志的扉页上。此后，再也没有听到抗议之声。

《德中论坛》越办越火。杂志从 1980 年开始策划到 1995 年，整整办了十五年。内容丰富多彩，重点介绍德国的科技、艺术、文化、体育和德中友好往来。我边编辑边从它的内容中汲取养分，并和总编辑及德国编辑部讨论，如何按照中国读者的口味不断改善。由于它几乎页页有插图，而且颜色鲜艳，德国美女俊男跃然纸上，在中国的知名度越来越高。

1990 年，联邦德国发生了翻天覆地的变化，东西德合并统一，百姓欢欣鼓舞。尤其是东德和西德合并之后，有一个过渡磨合期，可报道的东西太多了。正当我向编辑部提出，是否设法多加篇幅、扩大版面时，一生搞出版事业的莱内克先生忽染重病，不再管出版社的具体事务，并于 1995 年撒手人寰。这对出版社的打击太大了。莱内克夫人本想继续把出版社接办下去，但波恩新闻出版局换了新领导，决定在波恩创办一本用世界各种语言印刷，面向全世界发行的杂志《德意志》。

“一朝君子一朝臣”，全世界到处都一样，汉堡莱内克出版社不得已宣布所有杂志全部停刊，并且开始裁员。对我来说，我在大学有终身教职，没什么大影响，但对其他七十几位编辑、记者和行政职员来说，其打击可想而知。国内读者忽然发现《德中论坛》停刊了，纷纷来信询问，我心想，你们不要把德国看得太理想了。

《德中论坛》的停刊，我感到很遗憾，但另一方面看，中国已普遍对外开放,《德中论坛》已经完成了它的使命。转眼之间，二十年过去了，我在北京、上海、重庆等地还见到国内一些老读者、老粉丝问起《德中论坛》，并讲述自己如何留恋它。还有两位在中国办杂志的总编向我透露,《德中论坛》在那个时期，在改进中国杂志的设计、印刷、版面设计上起到了启发性的作用。

真可惜，如果我那时有钱，就把这杂志包下来，它对中国当时的改革开放的帮助会很大，因为很多资料都是出版社约德国基层和研究单位写的经验之谈。不过，现在中国有的是钱，可以到处收购欧洲的尖端工厂，这种杂志对中国来说已经太“小儿科”了。和德国的出版业同事一起办杂志，我从中学到很多东西。他们做事严谨、计划周密、一丝不苟，这种工作精神常常令我反思：如果我们中国的职工，也都有他们那种认真的态度该多好。这并不是我想贬低我们的同胞，这与我们中国人的处事性格、学校的教育制度有关。德国人工作的严谨负责是世界有名的，当然，也有他们的官僚主义弊病。

15 臭狗屎变成了香饽饽

自 1981 年从中国探亲回来以后，我们的生活起了极大的变化。1978 年中国共产党十一届三中全会上提出了“改革开放，解放思想”，此后有邓小平“让一部分人先富起来”等新政策，我们住在国外的中国人也受到了极大的冲击和震荡。在国内，人们一反过去“里通外国”的调门，刮起一股强烈的出国风，最先出来的是一批公派留学生，接着是在政府机构搞外事工作和在国家大中企业工作的干部。谁要是在国外有亲戚朋友，近水楼台先得月，比别人吃香多了。不少人争先恐后想尽一切办法出国，我这个一度被看作“洪水猛兽”的“叛国者”，忽然变成了香饽饽。

回忆起 1979 年，中国刚刚开放不久，由京剧名家李玉茹女士率领的上海京剧团来汉堡演出，受到观众热烈欢迎。香港《大公报》发表了我写的《上海京剧团风靡了德国》的文章。没想到，北京的《参考消息》竟然分三天转载，醒目地印着我的名字。我相信，该报的责任编辑事前没有调查一下关愚谦是谁，不然，他们准不敢登。当时的《参考消息》炙手可热，在国内认识我的亲友和过去的同事几乎都读到了。

自我离国出走后，谁都不知道我的去向，我也非常低调，想隐姓埋名，甚至把自己的姓名改成钱比德（Peter Chien）。在德国，人的姓都放在最后，名字放在前面，我在中学教会学校读书时，给自己起了 Peter 这个名字，于是，我到德国来，临时通行证上，写着 Peter Kuan Yu-Chien。在德国，有些公务人员就叫我 Mr. Chien。我于是就来个将计就计，顺水推舟，向人介绍自己时，就是 Peter Chien。到现在，珮春的家人仍都叫我“Peter（比德）”。

但是，用中文在报刊上发表文章，我永远用我的真名，文责自负嘛！我在国内“中国人民保卫世界和平委员会”做联络工作时，北京外事单位同人知道我的人相当多。文章中，提到自己在汉堡大学任教，消息一下在国内的亲友圈子里传开了。只要有人在信封上用英文写“汉堡大学关愚谦收”寄到德国来，我就能收到。某次，有位在青海结识的朋友潘友给我写了一封信，除了在信封上用英文写“Germany”以外，其他都写的中文“汉堡大学关愚谦收”。德国邮局竟然先把它转到汉堡，汉堡邮局又把它送到汉堡大学中国语言文化系，也就是我系的秘书手中。德国秘书也看不懂，就拿来问我。哪有这么巧，这信就是给我的。我写信给邮局，表扬了他们做事负责的态度，他们回信给我说这是他们应该做的。

真不敢相信，短短几年时间里，国内政策发生如此大的变化，就拿我这么一个具体的“人”来说，“里通外国”的帽子突然就摘掉了，人的观点竟然会发生如此大的变化，我做梦也不会想到。

1981 年，《德中论坛》在国内发行，我也没有接到过那么多的国内来信，寄到我私人公寓的、寄到大学的，还有以读者来信的形式寄到莱内克出版社的。内容太丰富了。总的来说，都是肯定我来到西方以后，坚持自己的爱国底线，对传播中国文化所做出的成绩。老朋友和老同事们都对我在“文革”时期的离家出走表示理解和同情。有的来信更为中肯，要我对中国的改变不要过度乐观，它有很长的路要走，它还会有反复。有的信中还忠告我，国内还有某些顽固派，对我的出走仍然持保留态度，“会嫉妒你一辈子”。我完全相信这些话，也接受他们的“保留”。人与人不一样，有些人一辈子也不会接受关愚谦这个人的。接受“关愚谦”就等于是否认自己，那太痛苦了。这不是很自然的人性吗！

2013 年夏天，也就是我离国出走 45 年以后，我回到北京探亲访友，来到台基厂一号中国对外友协大院，也就是我的老单位——原“中国人民保卫世界和平委员会”旧址，去看我的老朋友、老同事王效伯，竟然在家属后院遇到了过去几个在档案室、人事科、保卫科工作，现早已退休的老同事。据说，他们在“文化大革命”时期坚决要求把我重新打成右派、反革命。他们现在都是近八十岁的老人了，忽然在自己生活的小区里见到我，大为吃惊，对我非常热情，他们一定在想“过去的小关现在还那么精神”。他们也看到了珮春，心中的起伏，可想而知。我开玩笑地问，你们现在还认我这个“反革命”吗？他们用大笑做回答。

第三章　一不做，二不休

16 翻译六卷本《鲁迅选集》

说来话长，那还是在 20 世纪 70 年代，汉堡大学汉学系迫切需要中文教师，我还在写博士论文时，就已是汉堡大学正式讲师。中德建交前两国隔绝几十年，那里的人对中国很陌生，有的德国汉学教授甚至连一句中文都不会说。而我来自内地，不仅说一口京腔普通话，对中国文学和语言又熟悉。我认真总结了我在学生时代学英文、俄文时的心得，哪个教师好，好在哪里，把他们的教学方法搬到课堂里，在很短的时间里就受到学生们的欢迎，并且传扬出去。

记得 1980 年我被邀请参加波鸿大学的一次中国文学讨论会，来自德国各高校的汉学家济济一堂，共同讨论有关中国文学作品的翻译问题。这时有位德国教授拿出一本刚出版的《肉蒲团》德译本（Franz Kuhn，Fischer Taschenbuch Verlag Frankfurt，1979 年），津津乐道地介绍，说它是中国古代文学的表率，如何如何的好。我那时还年轻，实在看不过去了，于是站起来表态。记得当时我很激动地说，《肉蒲团》只不过是中国明末清初的一部二三流的色情小说，并不值得如此高抬。在中西文化交流方面，中国早就翻译了托尔斯泰、巴尔扎克、莎士比亚和歌德这些西方大师级的著名作品，我本人自己在中学、大学时就读过不少。反观德语世界，连中国的“四大名著”（《红楼梦》《三国演义》《水浒传》《西游记》）那时还没有完整的译本，我非常惊讶。没想到我的直言直语，还收到一定反响，几个大学汉学系如慕尼黑大学、波鸿大学和柏林自由大学的同人，把我请到他们那里去做报告，因此认识了不少德国汉学界人士，如当今德国汉学界的领军人物顾彬教授（Prof. Wolfgang Kubin）就是那时候认识的。

说来这又是一个缘分，当时，还在柏林自由大学任教的顾彬博士，想趁 1981 年中国文学大师鲁迅 100 年诞辰时机，编译一套德文版《鲁迅选集》。他听说我在汉堡大学选开“鲁迅小说”这门课，就约请我一起参加。那时，我在德国汉堡大学任教已八载，熟能生巧，无须再花太多时间备课，因而一心想在传播中华文化上多做些贡献。现在有机会能参与编选德文版的《鲁迅选集》，真是高兴还来不及呢！而且，我不仅熟读过鲁迅著作，还与鲁迅一家有个特殊的渊源。少年时代，我们两家是邻居，都住在上海霞飞路（今淮海路）霞飞坊，我家 44 号，他家 64 号。我把鲁迅夫人许广平叫“许妈妈”，与鲁迅之子周海婴更是年龄相当、在弄堂里一同玩耍的伙伴，一直保持着联系。鲁迅百年诞辰之际，海婴还寄来了一套珍贵的鲁迅纪念邮票给我。当海婴听说德国汉学界要翻译《鲁迅选集》，非常高兴，还应我之请，写了一篇序言。虽然后来没被用上，但其关怀之情溢于纸上。

鲁迅一生著作浩繁，《鲁迅全集》就有 20 卷，总编顾彬从中选出代表性的小说集、散文集和诗歌，编成六卷：第一卷《呐喊》，第二卷《彷徨》，第三卷《朝花夕拾》，第四卷《故事新编》，第五卷《坟》，第六卷《诗选》。这六卷《鲁迅选集》基本上囊括了鲁迅的主要作品。其中第二卷《彷徨》（小说集）、第三卷《朝花夕拾》（散文集）由我主编。

万事开头难，组织《鲁迅选集》的翻译也是颇费心力的。首先要找出版商，其次是找翻译合作伙伴。在西方出版任何书籍，出版商首先考虑的是市场、利润，如果读者不多，销售量低，即使作品很生动，作家很有名，也无济于事。幸好当时在德国已初步掀起“中国热”，希望读这方面书籍的人日益增多，一家柏林出版社答应出版该书。谁知等了一段时间，该社忽然宣布倒闭，直到 1988 年，位于瑞士苏黎世的联合出版社（Unionsverlag）接手，这项大工程才柳暗花明又一村，得以继续。

翻译六卷本《鲁迅选集》，工作量很大，必须成立翻译班子共同完成。顾彬和我都在大学任职，是一个有利条件。而且，中文不同于其他欧洲文字，中文的语言结构及词汇和德文完全不同，很难找到合适人选。在西方生活的中国人虽很多，但德文能掌握到运用自如，谈何容易？故而中国小说的翻译事业在德国很难开展起来。幸而我在大学开这门课，有一批研究中国文学的硕士、博士，与这些高才生们一起合作，终于把这个工程完成了。

17 以“信、达、雅”为原则

凡是读过《鲁迅选集》的人都体会得到，阅读鲁迅的文学作品比一般的现代文学作品要难，再把它们翻译成德文，就难上加难了。一个译者在未开始翻译鲁迅作品之前，首先要熟悉鲁迅的生平，他的家乡、思想以及他生活的社会历史背景，这也是我的任务，这个介绍的准备工作就要花去很多时间。暑假期间，珮春和我还专门到鲁迅故居绍兴做了一次访问，还在墙角下找到一块青砖碎片，带回德国向翻译班子全体展示，此青砖不能翻成青色，而是浅黑色。此外，鲁迅的文章中处处引经据典，南北方言混用，加上他的一些带有影射的语言，比喻之物深刻、隐晦、尖锐，我们做翻译的必须选择适当的词汇来表达，这尤其不易。

翻译工作开始了，不久我就发现，我选的这些高才生，中文水平虽然不错，但是都没有什么翻译经验，我要先和他们一起研究翻译的方法。例如在文句处理上，既不能过分忠实于原文文字结构，以致文字晦涩，但又不能过于自由随便。鲁迅先生的文字，非常深奥，有时词句里含沙射影。庆幸的是，我在上海长大，中学同学里就有宁波人和绍兴人，江浙一带南方人的口气和脾性，对我来说并不生疏。这是我的强项。

我在汉堡大学汉学系博士研究生中挑选了六个人组成一个翻译班子，共同担负起这项翻译任务。他们大部分是女生，不仅德国文学有一定修养，喜读中国现代文学，而且中文程度相当高。以中国翻译大师严复的“信、达、雅”为原则，分三步走。所谓“信”，就是翻译者要完全了解原著，先忠实于原文翻译，争取做到文字通顺，然后我和翻译者分别进行逐字逐句的详细校对，查看是否理解正确。接着是“达”，就是将这初校之翻译稿拿到全组集体校对，译者逐句多次慢慢朗读，大家专心地听德文语法及句子结构，要使每个句子语法正确、文字流畅。这时往往会有不同意见，会为一个句子争执不下。例如，鲁迅小说中常用“爷”“公”“翁”等尊称，德文如何表达是很困难的。这样子的校对，往往修改很多，甚至使第一稿面目全非。最后是“雅”，即把两次修改后的译稿再拿到小组来朗读，除我一个人边听边看原文外，其他的人全部精力都落在文字的润色上，尽量使文字不但流畅，而且达到“雅”。三校结束后，他们的任务就结束了。我再将最后的定稿送到我的朋友，一个不懂中文的德国文学教授布莱辛先生那里，请他阅读。他仍然会提出一些小意见，但修改的地方已不会太多了。这种集体翻译、中西合作的方法，使我和研究生们的关系比过去密切多了。这项翻译工作属于我教而学课程的一部分，翻译是他们的课外作业，大家都觉得获益不少，心情舒畅。当然收获最大的是我，特别是在德文水平上，学到的东西太多了。

18 德文版六卷本《鲁迅选集》终于出版了

俗语说，慢工出巧匠。1994 年德文版《鲁迅选集》朱红布皮精装版终于在欧洲问世，摆上了德国以及欧洲各城市书店的书架。全书售价 198 马克，六本书并排插在朱红色的精装开口盒里，每本的封面都有不同时期鲁迅的半身肖像。我太高兴了，这套书在德国中国学的文学研究史上具有重要的意义。某天，我和妻子珮春在比利时首都布鲁塞尔的一条文化街散步，忽然发现这套红色的德文版《鲁迅选集》在一个大书店的玻璃正窗当中展示着，鲜艳夺目。珮春特别高兴，因为她在里面也起到承前启后的配合作用。

顾彬教授，研究中国文学首屈一指的大家。起初在柏林任教，1985 年成为波恩大学东方语言学系中文专业主任教授。他超常勤奋，刻苦钻研，成为研究中国近现代文学的一大权威。除了主持《鲁迅选集》德文版的翻译外，还就中国文学著书立说，先后出版《中国文人的自然观》《中国文学史》等五部著作，17 本小册子，发表上百篇大小评论文章，主编了《当代中国文学》论文集，组织过多次中国文学研讨会，诗歌朗诵会，等等。在中德文化的交流上，特别是在译介中国文学方面，起到了积极的促进作用，被视为德国汉学界的领军人物。顾彬教授退休后在中国一些大学担任客座教授，经常发表有关中国文学的演讲，在中国文学界也有很高的知名度。

出版《鲁迅选集》德文版也算是我毕生的一个骄傲。对我这样一个侨居西方的文化人来说，生活在这个世界上，没有什么比给祖国文化多做些传播工作更有意义的了。

第四章　找到了写作方向

19 《大鼻子——中国人眼里的德国人》

熟悉我的人都说我是国际问题评论家，也有人说我是个作家，老实说，我很惭愧，因为我这个人在文字上并不怎样，也不会下功夫用美丽的辞藻来描写事物，而且写评论也很少高谈阔论。我觉得当前世界和20世纪八九十年代完全不同了。信息爆炸时代，很少有读者还会有耐心去读普希金或托尔斯泰那样的文学著作，用一两页的篇幅描写天空的美。我喜欢用简单的语言阐述一些事情，对世界上某个时间发生的某件事谈谈我的一些直觉。

记得2008年北京举行奥运会期间，德国的一些媒体利用这机会，大肆批评中国的环境污染、人权，说中国没有民主，连欧洲牛奶的短缺也是因为中国人喝牛奶太多造成的。总之，中国经济上有一点小小的发展，对许多西方媒体来说都是一种罪过，都是不能接受的。其实好好想想，这是一种心态不平衡的表现，看不到人家的进步，否定中国人的智慧。这是我万万不能接受的。我在媒体上驳斥他们，同时，对于国内存在的很多问题，如人们的素质每况愈下，也直截了当地表示了自己的一些看法。"温良恭俭让""忠孝仁爱，信义和平，礼义廉耻"是我们中国的古人每每提及赞赏的风范，中国的"文革"和历届政治运动，给中国人民带来很大的负面影响，人的灵魂受到极大扭曲。但是，我绝不用那些极端的侮辱人格的词句，何况这些年来，我们国人无论在文化的提高、生活质量的改善、社会法制的健全等方面都有了很大的改进。

说心里话，我对一些西方媒体对中国的指责很反感，他们有的对中国抱有极大的成见，甚至"逢中必反"，包括某些在欧美生活的华人。我的妻子珮春虽然是个德国人，对这种不实事求是的报道也很不满意。我们很想写些文章驳斥他们，可是许多西方媒体，尤其是美国的媒体，是不会发表我们这样正面的文章的。哪怕它支持你的意见，为了不得罪同行也不会给你发表的。

某天晚上，我们和几个德国朋友在饭局上相聚，我说了些牢骚话。

一位德国最大出版社的总编辑罗曼先生对珮春和我说：“你们为什么不写一本书呢？你们有意见，报纸上不给你们登，我给你们出版。”我们听后一愣，这是一个很艰巨的任务，我们两个人怎么有能力来驳斥德国的媒体呢？那不给他们倒打一耙？当晚回家的路上，我们夫妻二人为罗曼先生对我们的支持有所触动，但是不知道怎么样落笔才好。

我们两个人经过几天的酝酿，最后想出一个办法：采访一些常住德国的中国同胞，让他们畅谈对德国人的看法和印象，不管正面的负面的，岂不更生动？我们写了一个著书的大体计划，罗曼先生的费舍尔出版社（Fisher）一口答应下来。那是2008年的10月份，也就是北京奥运会后两个月。但是他们提出一个要求，这本书必须趁热打铁，在2009年法兰克福国际书展上正式推出。因为2009年书展的主宾国是中国，那就是说我们到2009年的3月下旬就要截稿，前后不到5个月的时间，这怎么行呢？可是出版这本书不是我们最大的愿望吗？于是，和出版社签订合同的第二天，我们就行动了。先访问的是一些在德国生活的中国人，有开饭店的、开公司的、做律师的以及在文化界工作的；然后又访问了在德国读书或是给德国公司打工的中国留学生，他们的看法各异，非常生动。大部分在德国居住的人，包括和德国人结婚的中国男士和女士，对德意志这个民族非常赞扬，都认为学到了很多东西，与此同时他们也对不少德国人，特别是德国男人那种高傲、目中无人、好教训别人的欧洲中心主义进行了批评。

我们采集到的信息又杂又乱，整理之后发现远远不能够形成一本书。于是我们有意识地飞回中国，在上海、北京、四川、广州等地绕了一圈，对我们认识的一些和德国有联系的朋友进行访问。同时我们也访问了一些从来没有去过德国，甚至与德国人没有打过交道的中国人，包括中国的大学生、汽车司机，乃至一些为德国人做过按摩和足浴的年轻民工，让他们谈谈对德国的印象。这下内容丰富多了。我们发现那些没有和德国人具体接触过的，或者没有去过德国的中国人，对德国的印象普遍好过在德国长久居留或是在那里生活过的中国人，这是一个非常有意思的现象。

最后，连我们自己都不相信我们一共访问了一百四十多号人，所得到的一些素材都极有意思，但是多出于感性。为什么不把德国和中国历史上的交往也写进去呢？我的老婆珮春，典型的德国人，不干则已，要干就要干得像样。在她的引领下，我们又在上海、北京、青岛的资料馆里找到了一些中国和德国往来的历史资料，例如：在清朝时，一些中国的外交人士到德国访问的日记，还有德国人自己写的如何派兵到中国来，如何与中国人做生意的资料。渐渐地，一本内容丰富，有历史资料又有现代趣闻，有纪实性采访，也有我们的分析和相关介绍的书做成了。

到了三月底该交稿的日期，出版社的电话来了，问到我们写书的情况。我们忐忑地回答，因为这本书的资料非常丰富，还需有一点整理和文字处理的过程。在他们的谅解之下，我们终于在复活节之后，把这本书写完了。我们把这本厚达300多页的新书命名为《大鼻子——中国人眼里的德国人》。

20 施密特总理为我们的书写序

不承想，就在此时，极受德国国民尊敬的退休老总理施密特先生知道我们刚从中国回来，想知道中国的近况，约我立即见面。我打印了一份《大鼻子》书稿，想带给施密特老先生看看，请他提意见，但又不敢直说。他见我手上拎着一个厚厚的文件夹，问道：“关先生，你手里拎的是什么东西啊？”我说，是我们夫妇两个人刚写完的一本书。没想到，他看到我递过去的书来了兴趣，说：“我可不可以拿回家去读一读？”我说当然可以了。更没想到的是，四天后，这个近 90 岁的老人让他的秘书给我打电话，电话里说：“关先生，祝贺你，你们这本书我们的老总理整整看了四天，他非常喜欢，还主动为书写了序言。”听罢她的话，我几乎要快乐得晕倒。老总理是世界名人，也是少有的受欧洲人普遍尊敬的政治家、公认的思想家。他从总理位置退下来以后，集中写作，不但出版了近十部著作（中国都已翻译成中文），还在德国的《时代周报》发表国际评论文章，声名远远超过欧洲其他的政治家。几届法国总统和英国首相名声在外，都没发表过那么多著作。

他能够给我们写序言已经很了不起了，在序言的结尾写了这样一句话：“我已经记不起，什么时候我曾读过这样一部富有信息和趣味的书了。我建议那些对中国有看法、有成见的德国媒体，以这本书为试金石来衡量自己的言论。”这句话让我好几天难以入睡。老总理写序的消息传到出版社总编的耳朵里，他也极为兴奋，立即通过我们转问老总理，是不是可以把序中最后一段话，传给德国媒体。老总理同意了。

经过出版社紧张的校对、编辑、排版、付印，某天中午我们正在吃中饭，忽然收到邮局送来的一个大包裹，打开一看，竟然是 10 本我们写的《大鼻子——中国人眼里的德国人》。书印出来了，书皮很醒目，书的封面上印着老总理的名字，还有中德两国的国旗。

21 法兰克福书展，习近平也来了

2009 年，一年一度的法兰克福国际书展自 10 月 9 日起到 13 日结束，除了《大鼻子》一书外，我的自传体纪实文学《浪》在国内也很畅销，德文版的《生活在两个天空下》也成了欧洲畅销书，自 2003 年问世以来，先后 8 次印刷。我们夫妇二人多次被书展邀请与读者见面，也曾受到德国、瑞士、奥地利、英国，包括中国香港电视台和广播电台的采访，我心里那种高兴是笔墨难以形容的。但我要求自己，尽量保持低调，绝不要高傲自负。但现在，我已经年近九十，是行将就木、不久人世之人了，夸夸自己，也不为过了吧！

法兰克福书展应该算是世界上规模最大、声誉最高的书展了，1949 年由德国书业协会创办，每年 10 月第一个星期三至第二个星期一在法兰克福举行。让世界上任何出版公司出版的任何图书都可以展出，是法兰克福书展的宗旨。版权交易是书展的主要功能：一方面，世界各国出版机构的版权负责人前来和作家们见面洽谈，购买国外出版的翻译版权；另一方面，大批文学作品代理人寻找海外代理人。

这个书展之大，第一次来的人一定会觉得自己进入了迷魂阵。所有展馆和活动区加起来占地面积 17 万平方米，如果你从入口处想到各个馆去，最好乘坐场内特备的公共汽车，不然会累死你。我要去拜访的是俄罗斯、乌克兰、美国、英国和中国的展览场地，它们分散在第三馆、第五馆和第八馆；第四馆则是和版权代理人会见的地方。每个馆都大得像个足球场，里面密密麻麻地排列着各国的展览区和各出版社的展览摊位。中国有句俗话“望山跑死马”，我则形容这些展览厅是“望书走死人”。为找一个出版社的摊位，一天下来，不知要走多少冤枉路。据说，2009 年就有 100 多个国家、7300 多家出版商、30 多万个新书品种参加法兰克福书展。据说参展的中国展商，就有 160 家之多。总之，这个书展已成为世界最大最重要的图书贸易中心，有媒体形容法兰克福国际书展是国际上最重要的文化盛事。这真是一点也不假，书展上有无数论坛、朗诵、演讲等文化活动，通过展示、观摩、交流，全世界的同行们都找到了自己的精神家园。这里也是国家、地区、民族展示各自绚丽多姿文化传统的大舞台，被誉为世界图书行业的嘉年华。

自1976年开始，法兰克福书展有了一个新亮点，即每年增加一个主宾国。所谓主宾国，就是她有特权通过各种方式向书展的观众们展示该国的图书市场、文学以及文化的魅力。2009年正好中国是主宾国，办得非常热闹，时任中国国家副主席的习近平也来了，中国作家协会主席铁凝在书展开幕式上致辞。这么一位端庄秀丽的主持人，当然倍受人们的关注。此外，中国不但带来了文艺节目，中德作家还在柏林和法兰克福举行了几场中德作家研讨会。我不胜荣幸，被邀请主持柏林中德作家座谈会。巧的是，习近平同志和铁凝也来了，和我们台上的几个中德作家分别握手祝好，习近平同志还做了简短的即席发言。

几天后的法兰克福“中国和世界”研讨会也正好由我主持，诺贝尔文学奖获得者莫言第一个发言。当主席宣布我们二人的名字时，忽然从第一排座位上跳出来一个三十来岁的中国人。他用“文革”红卫兵的口号式声调，对着听众举起拳头，用中文喊着口号，好像是“打倒关愚谦”。在这么一个严肃的国际会议场所，出现这么一个滑稽镜头，可想而知，是多么幼稚和不理智。我们不认识他，也就没有理他。看整个会场对他的行为毫无反应，他便无趣地回到自己的座位上。后来我才知道，他是现居美国的所谓中国地下作家，名叫贝岭。他在美国打着“反共流亡作家”的旗号，诱惑了一些与他有共鸣的读者，但知道他的人寥寥无几。他现在想利用国际书展出名，哪个媒体会看不出来？最让我失望的是中国作家戴晴会和这个品位低下的人坐在一起。

22 不能把社会问题捂住盖住

我这一生中最看不起那种人云亦云、见风使舵、没有主见的文化人。几十年来，以美国为首的西方世界企图用自己的价值观主导全世界，曾掀起一股反华大潮，许多华人也跟着摇旗呐喊。虽然我是共产党极左政策最严重的受害者之一（这和毛泽东晚期的“阶级斗争一抓就灵”的政策有关)，但是，我也承认共产党里面也有数不尽的“为中国老百姓鞠躬尽瘁，死而后已”的好革命者。近几十年来，中国的国际声望和地位以及老百姓的生活都大大提高，甚至得到美国总统特朗普、德国总理默克尔夫人公开的承认和赞扬，难道这里面没有中国共产党的功绩？

必须承认，中共执政几十年来，走过一些弯路，但绝不能因此把中共全部否定。否定的应该是那些无耻腐败的政客们。可笑的是，竟然有这样的无知者，把持有这种观点的类似我这样的人都当作敌人来对待，我不禁要问，你们一旦做了当权派，就能成为国家伟人？

中国人口总数比欧洲国家加起来还要多，一些好为人师的西方人永远用手指指着中国说违反民主、人权！他们也不想想，想在中国开放的短短几十年，通过在欧洲用几百年、上千年才实现的西方民主来改变中国，可能吗？德国的民主到现在也不过实施了六七十年，仍有不少人对西方的绝对民主自由化持不同的意见，发出不满的声音。第三世界亚非拉国家更不用说了，不少国家接受了西方的多党制，结果出现了很多问题，甚至有打起内战的。中国有自己几千年的文化传统，难道我们要完全甩开自己的传统文化，来全盘接受西方的价值观吗？

“你们知道吗，中国13亿人口这一个列车是非常长的，它渐进的速度不应该太快？一旦这一长列的火车因为速度太快而翻转，一旦中国内乱，有几千万人、上亿的人逃到你们西方去，到那个时候你们就该后悔了。”这段话我在一场群众报告会中谈到过，坐在第一排的一位德国老妇听到我这句话，忽然一哆嗦说：“哎呀，那太可怕了！”通过在电视台、广播电台做嘉宾，通过一些演讲，我发现德国一般的老百姓和文化人，对中国的态度和德国的媒体不一样。他们对大部分媒体迎合美国宣传的立场，越来越保持距离，对中国越来越关心友好。2001 年法兰克福的一次现场演讲会，面对几百个听众，我在主席台上又说了那段话，获得了热烈的掌声。

这说明他们是支持我这个观点的。我现在往往感觉，中国人很多时候并不了解德国人，而德国人对中国也不大了解，彼此往往只能够通过媒体的宣传来认识对方，这是远远不够的。我希望中国的传统文化，包括文化史、思想史、哲学思想，等等，正确地、完整地通过各种方式介绍出去。我们应该毫不隐瞒地介绍中国社会发展当中的问题和困难，世界上有哪一个国家像中国有那么多人口，一个社会不可能只有优点没有缺点，这是不现实、不客观，也是不可信的。往往只介绍优点不介绍缺点反而引起人们对你的怀疑，这是我在国外深有感触的事情。因而我常常在给报纸写文章的时候，用这样一个标题，就是“人在欧洲，心怀祖国，放眼世界”。我在文章里面，一方面驳斥西方媒体对中国的诬蔑和错误的看法，另外一方面我也介绍中国存在的很多问题，例如中国的贪污腐败、贫富差距、社会不平等，官场里的黑暗、官僚主义、自私自利，等等。这些现象对一个国家来说并不稀奇，中国有，西方也有。世界哪一个国家没有，那才是稀奇的。我反对媒体“报喜不报忧”，把一些社会问题捂住盖住，不但解决不了问题，而且会逐渐脱离人民大众，引起国民的反感，其结果对国家不利，对政府不利，对共产党更不利。

第五章　国门大开，我们家热闹起来了

23 接待第一批留学生的喜悦

自1980年起，我们家热闹起来了。第一批大陆留德学生成为我们周末的常客，珮春永远是最大方和热情的主人，只要大家高兴，她可以贡献家中的一切。改革开放以后，有亲戚朋友来我们家住三年、住两年、住一年、住半年、住三个月、住一星期的。为了接待他们，我们省吃俭用。起初，我们在汉堡的阿尔斯特外湖的旁边，租了一套房子，后来，为了接待国内亲朋，我们把楼上楼下两套公寓也租了下来。这是老房东艾伯尔斯特老先生主动提出来的。他家底雄厚，不靠租房维生，见我们很随和，从不挑肥拣瘦，又看我们有那么多来客，就主动问我们愿不愿把整座楼的三套公寓都租下来。那当然太好了！在阿尔斯特湖畔，能找到一套公寓，就已是万幸，更何况三套！

1979年，国内刚打开大门，到欧洲来的中国文化人收入不多，旅馆是住不起的，我们就尽量为他们打开方便之门。母亲常说："予人方便，予己方便。"他们回国后，有的成了著名的大学教授、工程师、医生或画家，也有当公务员的。至今我们到中国任何角落去旅行，都可以找到友谊和欢乐。

说老实话，现在我回忆起来，也不知道哪里来的那么充沛的精力。从早到晚，编杂志、写书、备课，忙个不停，还要招待远方来客。这样倒好，我们夫妻连吵架的时间都没有。有人说我们俩是天生的一对，也有人说，我们是一对工作狂人。实际上，我们不是狂人，是天时、地利、人和，是上天把我们拴到一起的。

毛泽东时代最开始的时候，党教育我们批判旧社会，要大公无私，要"己所不欲，勿施于人"。但是到了后来，人们发现，许多党员干部，他们之中一些人，要别人"马列"，对自己"自由"，利用自己手中的权力，通过各种政治运动达到自己的个人目的，腐化、堕落、报私仇、泄私愤、排除异己，无所不用其极。人们的思想道德一再被扭曲，缺乏信义和礼节。我们常常遇到这样的中国知识分子，他们大多是在

“文革”时期长大的一代。当他需要你时，再三恳求你帮助，有的在我们家免费住几个月，走后就音信皆无，好像什么事都没有发生过。当然，这不能完全怪他们，他们是当时那个社会的产物。要彻底杜绝这样的现象，必须提高人们的素质，改变社会风气才行。

24 中德文化联系的一条纽带

随着社会科学院代表团到德国，中国各种不同的代表团好像长江决了堤，接踵而至。当时在汉堡的大陆人很少，面对川流不息的客人，我们有些应接不暇。幸亏中国于80年代中期，在汉堡建立了欧洲商业堡垒——中国驻欧洲贸易中心，各省市在汉堡成立了欧洲办事处，减少了我们许多接待的压力。

1983年中国在汉堡成立总领事馆，在北京外交部接见过珮春的那位女士调到汉堡来工作，她说她永远忘不了珮春到外交部来给她留下的深刻印象。有了这一段“交情”，我们开始和总领事馆有了往来，获得了国内一些最新的信息。知道国内确确实实在做些实事，在往好的方向发展。只要国家兴旺，老百姓生活改善，我个人的一些恩怨又有什么了不起！随着中国的开放，来德的文化代表团人数大大增多。自此以后，我们除了责无旁贷地接待世界各大学来的华人同事，一些作家、音乐家、戏剧家、画家、舞蹈家、歌唱家、记者，只要主动和我联系，我也一定接待。凡是到汉堡来想找个翻译，找个住地，找个陪同，组织个展览会、演出会、演讲会的人，往往也都通过各种渠道找到我们这里来。

25 十五个市长一起来我们家

我们夫妇二人比较好客，这个名声传出去，我们的家便成为一个小小的中国文化接待站。某次，一个中国市长代表团一行十五人来德国访问，领队是我过去的老朋友、方毅部长的前秘书叶元格。方毅部长是我始终佩服的老首长，为人简朴、正直、好学，在国内声誉极高，他也是我的恩人。如果不是他把我调回北京，我大概就葬身青藏高原了。叶秘书从北京来电话告诉我，国内有十几个市长到德国访问，第一站是汉堡，想先到我家访问，和我聊聊，然后再去旅馆。这对我来说可谓受宠若惊，我问他，是不是通知了汉堡总领事馆，他说："还没有，你代我通知一下。"当时的汉堡副总领事、后为中国驻苏黎世总领事、人缘口碑都极好的陈大震先生当着大家的面酸溜溜地开玩笑说："老关已经成为汉堡的民间领事，有时候国内文化界来人，他反而比我们先接待。"我对国内文化人的热情接待是发自内心的。我热爱中国的文化艺术，并将把它在国外发扬光大视为己任。现在他们从祖国来，哪有不接待之理？其次，也有我自己的私心：多和中国来的文化人接触，可以减少我思乡之念，可以听到祖国的最新信息。

原来这个市长团是专门来考察德国城市建设和规划的，他们第一站就来找我完全出乎我的意料。大概是我们不断地接待祖国来人，义务帮助他们在德国建立一些关系，组织安排一些活动，不知不觉中我们成了中德文化联系的一条纽带，一个桥梁。汉堡州文化厅以至德国的文化界干脆把我们当作不花钱的文化顾问和牵线人，有事就来找我们商量。自1983年我们写完《中国文化指南》那本"巨著"以后，我们夫妇二人在12年时间里，先后协助汉堡文化厅举办了3次"汉堡中国文化月"（1988，1995，2002）、8次中国画展，组织了10次以上中国艺术家演出的音乐会、相声小品、新年晚会。巩汉林、付笛声夫妇都是我邀请过的中国艺术家。

必须承认，20世纪80年代是中国人一个辉煌的时代，中国的文化逐渐进入欧洲社会，被他们慢慢接受和欣赏。当我看到这些高鼻碧眼的洋人也能按着中国的音乐节奏摇头晃脑，看着中国画指手画脚，心里自然非常高兴，觉得不枉我们费心一场。中欧友好热、文化交流热、学中文热、贸易热、出国热，总之热得连我的日本朋友、汉堡大学同事山藤××都愿意在马路上说自己是中国人。住在汉堡的中国大陆和中国台湾人也一改过去的互不往来，不分彼此，参加双方组织的文化活动。唉！如果没有后来的风波，这大好形势必会继续延续下去。

别看我在上面罗列了那么多活动，其实，凭着我过去在北京“中国人民保卫世界和平委员会”做联络工作时所积累的经验，组织这些活动驾轻就熟，并不需要花太多的时间。而且，我们不只是付出，也有受益的时候。接待演员，我们可以拿到赠票。接待作家，我们可以得到赠书。我家里有满满一书架的书，全是作家们留言赠送的。更使我们满意的是，艺术家来我们家，兴致一来，留下字画。最最宝贵的是，互相建立了友谊。我们夫妻俩常说，接待十批人，只要其中有一两个是我们的真心朋友，我们就心满意足了。

26 黄永玉给我们带来了好运气

1983年，一个在波鸿大学教书的朋友薄一仙来了一个电话说，她有一个画家朋友想到汉堡来看看，问我有无兴趣接待。只要祖国来人，我永远是欢迎的，何况是画家，我一口就答应下来了，连名字都没有问。画家来到我们家已经是夜里11时，我们事先包了一些馄饨给他们做夜宵。这位画家，年近六十，口中一直叼着一个烟嘴，说话率直，谈吐风趣，一看就知是个性情中人。他一进我们家，就对我们的中式客厅表示出极大的兴趣，称赞不已。当他看到我们客厅宽大的墙壁上挂着一条丝毯时，直截了当地批评说："一条地毯挂在客厅里，实在不伦不类。"我说："这我也知道，我们需要一张大画，但在欧洲，上哪儿去找？"他马上大方地说："我来替你们补壁吧！"我心想，此人真是大言不惭，我家墙上挂的是郭沫若的字，齐白石的画，你是谁，给我这主墙上补壁？

我还不知道此人姓甚名谁，于是一面表示感谢，一面找个机会，偷偷到厨房去问陪他一起来的薄一仙，她正在和珮春一起下馄饨。"一仙！你陪着来的画家是谁啊？叫什么名字？""他叫黄永玉。""就是画睁一只眼闭一只眼的猫头鹰，被江青批评为对党有刻骨仇恨的那个黄永玉？""就是他。"听到这个名字，我乐得嘴都合不拢了。就在几个月前，珮春和我在香港买了一本黄永玉的画册，爱不释手。我非常喜欢他的作画风格，珮春更是赞不绝口。现在他远在天边，近在眼前，可别让他跑了。但是怎么开口呢？多不好意思啊！

当晚珮春做的馄饨非常可口，黄永玉一听馄饨是珮春包的，她还能说一口中文，特别高兴。混熟了以后，他忽然问："你们家有宣纸吗？"中国刚对外开放不久，我们哪里去买宣纸呢，但为了不扫他的兴，就说："也许城里的专门纸店有得卖，我们明天去看看吧。"

第二天一早，我们在汉堡跑了好几家纸店，他们只有日本的米纸，而且都是一米见方的，太小了。我想，完了，一张大画告吹了。正在愁眉苦脸不知如何是好之际，忽见黄永玉回过头来问珮春："你们家里有白丝绸吗？"珮春点点头说："今年在杭州时刚买了两米白丝绸，准备给愚谦做衬衣的。""那好，那好。"黄永玉大概胸有成竹，买了几瓶西方颜料就回家了。没想到，这雪白的丝绸非常称黄永玉的心。我于是把我平时练字用的砚台、墨汁、大小号毛笔全部拿出来，放在已拉得很长的餐桌上。这位大画家忽然皱起了眉头问："你们没有排笔吗？"我的妈啊，我们又不是画家，要排笔干吗？我摇了摇头。

"你们家有没有毛长一点的刷子？"刷子当然有了。珮春和我到处搜索，把我们家里所有擦皮鞋的，刷大衣的，洗地板的，清脸盆的，刷牙齿的，除了刷马桶的刷子以外，全部搬到客厅。永玉拿起一把短把的、德国人用来打扫灰尘的长毛刷，摸了摸说："这个还可以，就是硬了一点。""这个好办。"我把它放在热水龙头上狠狠地冲了一会儿，再拿给永玉看，他点点头说："好！就用它。"

好一个画家，拿起大刷子，蘸满了调好的墨，略为想了一想，只见他振臂挥舞，不一会儿，剪成一米六长的白丝绸上，墨迹斑斑，让我好一阵心痛。这下两件白丝绸衬衫完了。永玉从下午两点一直画到近6点，一张荷花巨画已经安详地躺在客厅地板上，红杏色的荷瓣正在向我们微笑。

真是大手笔。我这块丝绸大概是所有丝绸里最有福的幸运儿，自它被配上德国上等镜框挂在大厅主墙上之后，不知受到多少中外人士的欣赏和赞扬，也不知被多少人拍了照片，或在该画前留影纪念。连黄永玉自己都说，"这张画是我所有画中比较得意的一张"。

这幅荷花图给我们带来了好运，此后来我家的国画家，不论从何地来，见到此画手都痒痒的。杭州的中国美术学院教授孔仲起、刘国辉都给我们留下了墨宝，上海国画馆大师陈家泠一到我们家，不等把酒喝完，卷起袖子也在丝绸上做起画来。当时已是九十四岁的国画大师刘海粟，见到陈家泠画的"鹤"，跷起大拇指赞扬说："画得好！画得好！"

27 刘海粟大师来了

我应邀参加德累斯顿银行为刘海粟举办的画展，地点在莱茵河畔的科隆市。这次带来的画作都是刘海粟大师的毕生之作，非卖品，希望我给予照顾。这样的一流大师来到德国，我当然义不容辞。也许是缘分吧，他老人家一见到我就非常亲切。当他知道我的母亲姓言，家乡在常熟，和他是老乡，他更是高兴，和我大谈起孔夫子的大弟子言偃的掌故来。并说，常州“言子墓”还请他题了词。

远离故乡万里外的我，真希望越多介绍中国的文化越好。刘海粟是中国当代艺术大师、近代美术教育事业的奠基人，新美术运动的拓荒者、杰出的美术教育家，人们把他称为中国的国宝。国宝级大师能到德国来办画展，太不容易了，应该多让人欣赏才是。我建议海粟老，办完此画展之后，可否到汉堡去住上几天，我设法在汉堡也替他办一次画展。谁知，我随便这么一说，他立刻应允了。

在德国办一个哪怕是很小的展览会，都要提前一年做准备，更何况是这样一个当代中国最牛的画家，带来一百多幅大画。只有两周的时间，找展址都困难。我这么夸下海口，等于向他老人家许了愿。回到汉堡，我开始想方设法找展览场地，文化厅对外负责人也帮我多方联系，但是谈何容易。

真是上天不负有心人，世界上哪有这么巧的事，才成立没有两年的汉堡“东西画廊”，那里地方很大，地点就在汉堡大学旁边，正在办一个大型画展，一星期后就结束了。该画廊女主人也叫佩特拉，和珮春同名，我们很谈得来，举办中国艺术展的时候，她经常求助于我们。听说著名画家刘海粟大师要来，她立刻答应提供场地，并认为是莫大的荣幸。

单单为了设计印刷请柬和广告宣传画，就花去我们好几天的时间，直到展览日一周前才发出去。我提心吊胆，怕人来得太少，会让海粟老失望。谁知，我完全估计错了，离开幕式还有两个小时，展览馆大门就站满了人，最后，可容纳五百人的大厅，挤得水泄不通，外面等着的好多人还进不来。当晚我们还放了海粟老《十上黄山》的幻灯片，请他讲作画经验，同时即席挥毫。

在讲话中，刘海粟大师忽然提起他在三十年代结识的一个德国汉学家朋友，名叫奥托·福兰阁，他说："奥托有一个儿子，我还记得他叫傅吾康。"这时一个人大笑起来，原来他就是全德驰名、受人尊敬、在汉堡大学任教的傅吾康教授，他也在座。全场立即为这巧合欢欣鼓舞，画展掀起了高潮，热闹非凡。最高兴的当然是我们夫妇二人，没有白费这么大的心血。当晚来的人物真不少，大部分是北德文化艺术界人士，汉堡经济界和政界人士也来了一些。许多都是不请自来，也不知他们哪里得来的消息。华人更别提了，来自中国内地、台湾、香港以及新加坡的华人皆闻声而至，济济一堂。谁说在国外的华人不关心祖国的文化？谁说大陆和台湾人不能欢聚在一起？中华的艺术展不是把大家聚在一起了吗？这场面太让我感动了。心想，只要能在国外多介绍祖国文化，即使再多花些钱多出力，我也心甘情愿。

当天晚上，我请了《明镜周刊》的记者，我以前的学生，中文好得不见他的脸以为他是中国人的斯特凡当翻译。珮春和我则在一旁协助。好一位大师，高寿九十四，竟然在众人面前谈起绘画的六法论：一、气韵生动；二、骨法用笔；三、应物象形；四、随类赋彩；五、经营位置；六、传移模写。海粟老说，这六法论是六朝时代的大理论家谢赫提出来的，它"为后世画家所宗，经千载而不易"。

海粟老满口江浙口音，又谈这么深奥的理论，把我们这些"学生"难住了，只好求饶，想请傅吾康教授来帮忙翻译，他立刻摆手推辞了。我问海粟老，是否可以把"气韵生动"更具体解释一下，他便说："气韵生动是含有气韵的生动，即生动弥漫着气韵。生动是主体，气韵是生动的附加物。"他边说我边点头，他说完了，我也胡乱翻译完了，下面的人好像听天书，因为连我做翻译的都似懂非懂。到最后，我已经记不起是如何结束这尴尬的局面的。中国的一些艺术词汇，根本不可能直译成德文。

展览会空前成功，海粟老眉开眼笑。他主动和我拉手，接受我的邀请，周末到我家来吃饭。几天后的下午，当他踏进我们的家门，看见墙上挂着几幅名人字画，有郭沫若前辈给我写的墨宝："山中有奇石，入夜化为鹰。势欲抟风去，苍茫万里征”的诗，还有明清的画，他心情大好，随便说了一句：“我的手也蛮痒痒的。”珮春听后，很快拿出我们早就准备好的文房四宝。海粟老当场挥毫，在扇纸上留下他的手迹：“气节千里，精神万载。”（至今还挂在我们的客厅里）接着又借我的名字留下“大智若愚，俭敏恭谦”。我真不知如何感谢他老人家才好。

海粟老在饭桌上听我说几天后，我们欧洲华人学会将在日内瓦召开“1989 年国际学术研讨会”，骤然来了兴致，回想起七十年前他去日内瓦畅游的往事，表示愿和我同行。我真怕他长途跋涉，过于劳累，幸好有他的夫人和女儿在身边陪同，让我放心不少。一个九四高龄的老人，来到日内瓦湖畔，旧地重游，触景生情，动容地流下泪来。当晚，他在研讨会全体参加者面前即席挥毫作画，画了一只大鹰在天空中飞翔，然后笑笑对我说：“这是回应郭老给你写的那首诗‘入夜化为鹰’，留作纪念吧！”没想到，这样一个小细节他竟然还记得，这就是一个大艺术家和常人的不同之处吧！

28 王蒙的“一只羊带来了一群狼”

作家是我从小就景仰的职业，每每读那些明清小说，作家们把人物性格描绘得那么淋漓尽致，我就佩服得五体投地。后来爱上了俄国小说，被普希金、莱蒙托夫、托尔斯泰、屠格涅夫、陀思妥耶夫斯基、车尔尼雪夫斯基等作家的作品迷得废寝忘食。他们的头脑怎么会那么丰富！就拿高尔基来说吧，在他的作品中，有时单单形容气候，就可以写上满满一页纸，简直太神了。作家对我来说，真是高不可攀。

在国内工作时，我也曾试图写点什么，结果大学毕业后成为俄文翻译，口译之外，翻译了几本俄文书，没有机会写自己的东西。在青海当记者时，倒是写了些东西，但不是我自己的思想。在 20 世纪 70 年代，任何人想自由地按照自己的思想进行写作几乎是不可能的，躲还来不及呢！

我开始写些小文章还是到德国以后。在香港的报纸、杂志上发表了，心里乐滋滋的，但从来没有痴想当什么作家。自 1978 年改革开放以后，中国来了一个三人作家小组，其中两位是我敬慕的冯牧和王蒙，心里特别高兴。尤其是王蒙，和我年纪差不多大，才高意广，1957 年“反右”时和我有过同样的遭遇，因而心有灵犀一点通。他来到汉堡大学，访问了中国语言文化系，见到我这个中国人总是沉默地躲在一角，显得有点怪怪的，就主动来和我打招呼。我见他挺直爽，渐渐消除隔膜，向他自我介绍，并直爽地讲了不少内心的想法。到欧洲十年来这是第一次，心里舒畅了很多。王蒙后来在他的小说《活动变人形》里，一开头所描写的“赵微土”这个人，实际上就是我的化身。他后来也承认了。

1985 年，王蒙又来了。20 世纪 80 年代的中国，开放许多，我已经被允许数次返国。他这次带来了一帮作家，年长的有黄宗英大姐，中年的有张洁、鲍昌，年轻人中有张抗抗、傅天琳、孔捷生等一批人。我本来就好客，见到他们一个比一个友善直率，一见如故，就把他们全都请到家里来。文人到底和一般人不一样，一到我家就好像是到了自己家，又说又笑，大家逼着王蒙唱歌，其中一位说："你不是在新疆待过好几年吗？你这只狼今天发发善心，给我们这些小羊唱个新疆牧羊歌如何？"王蒙一听，睁大眼睛抗议说："什么？你们是一群羊？我才是一只羊呢，带了一群狼。""好！好！好！你是一只羊，就给我们这些狼唱一个新疆赞歌吧！"另一位插话说。王蒙果然唱起来了，还是用维吾尔语唱的。高低起伏，抑扬顿挫，煞有其事的。至于说这维吾尔语是真是假，那就只有天知道了，反正大家都听不懂。

世道真是变了，汉堡阿尔斯特湖畔忽然来了一群有朝气的中国"羊"，只见他们互相追逐嬉戏，摄影留念。他们有自己的个性、自己的追求、自己的人生观，是多么值得被人羡慕啊！和这些作家、诗人们在一起，有说有笑，我觉得又年轻起来。通过他们，我又看到祖国的希望，怎么会不高兴！

29 我心中的偶像吴祖光大师

当前在世界上，有一定影响力的中国文化人大有人在，但在我认识的人中，最让我肃然起敬、为人最正派的当属吴祖光先生。他于1917年4月出生于北京，如果他还活着，2017年4月该为他办百岁寿诞了。吴老不但是著名学者、剧作家，他的诗、文、书、画也闻名于世，而且为人光明磊落，不藏虚假。就我所知，祖光先生不但于1937年日本打进北平时，就创作了抗日话剧《凤凰城》，随后几年间，他还创作了《正气歌》《风雪夜归人》《林冲夜奔》《牛郎织女》和《少年游》等剧作，名震剧坛。1946年，他在上海《新民晚报》创办《夜光杯》副刊和《清明》杂志，还创作了《捉鬼传》《嫦娥奔月》等新剧。1947年，他在香港编导了《国魂》《莫负青春》《山河泪》和《风雪夜归人》等电影。新中国成立后，他又编导了电影《梅兰芳的舞台艺术》《程砚秋的舞台艺术》《洛神》《荒山泪》等作品。1963年，他与妻子新凤霞合作改编了评剧《花为媒》，成为评剧舞台上最成功的佳作，评剧从此脱出地方戏的局限，跨入国家戏剧的行列。在那个动荡的时代，中国出了这样一个多产作家，对我们当时爱好文艺的年轻人来说是个奇迹，他也成为我心中的偶像。

几十年如弹指一瞬间，1985年的夏天，那是8月中旬，奇迹真的发生了。我正在汉堡家中和专程自天津来德国的姨父——戏剧评论家、中国戏剧家协会理事，也是在“反右”时期被打成右派的吴同宾先生一起神聊，忽然接到友人从英国打来的电话，说吴祖光先生目前正在伦敦参加他自己创作的京剧《三打陶三春》的首演，现已结束，他想转道经汉堡返国，专门来“拜会”我。这电话让我难以置信，对我来说，简直是个奇迹。一个在亚洲大名鼎鼎、文字激扬、嫉恶好善的真君子，从年龄看，是我的前辈，竟愿意见我这名不见经传的小人物，岂不折杀我也？

记得还是在20世纪50年代，我年纪尚轻，在北京曾经看一部描写南宋时代的历史片《国魂》，是戏剧家吴祖光编写的。那生动有力、鼓舞人心的序言，深深打动了我这个年轻人，至今还余音缭绕。19 岁时吴祖光就写了第一部话剧《凤凰城》，周恩来总理称他为戏剧界的神童。在我的心目中，他是一个经过千锤百炼的硬骨头，打不倒、折不断、压不垮、烧不化，在各种政治大风浪中，永远昂首微笑，从不低头。从“反右”那时起，吴祖光就成了我心目中的偶像。我当然欢迎他了。很早就听人说过，哪儿有吴祖光在，哪儿就宾主尽欢，真的一点也不假。

祖光先生大我十来岁，来我家时已经是近“古稀”的人了。他仍是谈笑风生，平易近人，和我一见如故。让我万万没想到的是，祖光兄和同宾姨父早就是老相识，都是研究京剧的老前辈，也曾被打成右派，后来平反，80 年代又被聘为天津文联主席。他们二人的话匣子一打开就收不住了，尤其是他和同宾姨父谈到戏剧时，简直如醉如痴，对我来说，只有旁听的份儿。当他们谈到深奥之处，对我也是一种享受。更令我尊敬的是，他们二人都虚怀若谷，从不炫耀标榜自己的成就。我马上打开录音机，把他们二人的对话录了下来。

那晚，我们三个老右派随心所欲地畅谈，一直扯到深夜，祖光兄还不想回旅馆，他说：“很久没有说得这么痛快了。其实，我这个人，就是爱说，好管闲事，说些真心话，只是为了对国家有好处，他们怎么就这么怕我呢？”这次谈话让我感受到祖光兄对自己国家爱之深，情之切。他是个非常达观、心胸宽阔、不懂得记仇的人。自 1957 年“反右运动”被打成右派以后，祖光和妻子新凤霞经历了那么多苦难，但他从未怨天尤人，脑子里想的，嘴上说的，永远是中国应该往何处去。他是个直肠子，从来不会打弯，正义对他来说非常重要。

“让中国老百姓自由地去想，让作家们自由地去写，让艺术家们自由地创作，只有这样，共产党才大有希望，”他说，“要相信我们的知识分子，绝大部分都是非常可爱的人。今年，我在作协代表大会的发言，事前毫无准备，连个发言提纲都没有，临时觉得有些话不说不行，上去就说了。我在这次会上公开批评作家没有写作的自由，引起了一时轰动。许多人说话顾虑比较多，有的辈分比我老，成分比我高，经历比我丰富，为什么到这种时候，你就不讲话呢？我心想，你讲几句比我有力量得多啊！但是他们就是不讲，我也了解他们，多一事不如少一事，没有办法。我不怕，人家是一朝被蛇咬，十年怕井绳，我是经常被蛇咬，习惯了！把我咬急了，我都敢咬蛇了。我是‘极左’路线的受害者，家里还有一个半身瘫痪的妻子（‘文革’时期江青逼她趴在地上用两手去挖洞），我还有什么可顾虑的？对我再大的迫害还能超过‘反右’和‘文革’吗？我觉得应该让大家把想到的、要说的都说出来，那又有什么关系呢？有什么可怕的呢？如果你什么话都不允许人家说，只能说明你是弱者，你失去了自信。”祖光老有一种特殊的魅力，他语言犀利、明确，说话不拖泥带水，是一个感情丰富又富有人情味儿的人。每当他谈到国家前途、家人团聚，他都流露出真挚的情感。

第六章　欧洲华人学会和霍英东的故事

30 “欧华学会”的成立一半是逼出来的

“欧华学会”的筹组，可以追溯到以前的欧洲汉学家年会。1976 年我取得博士学位，成为汉堡大学汉学系的正式讲师。1978 年暑假，我应邀参加由欧洲（包括苏联和东欧）汉学界近二百名学者组织的每两年召开一次的年会，其中大多数是白人，也有一些旅欧的华人学者。会议在意大利北部南蒂罗尔山区举行，这地方让我想起青海。一望无际的绿色草原上，牛羊成群，一片安谧的牧歌景象。夜色星空，我独自出去散步，思绪拉回到十几年以前。“天苍苍，野茫茫，风吹草低见牛羊”，这样美妙的中国古代的诗歌意境，竟然也吻合这里的自然景象啊！

会议开到第三天，在瑞典哥德堡大学任教的老华人黄祖瑜教授在饭厅用晚饭时，拉着嗓门喊道：“我们中国学人今晚一起喝喝酒，碰碰头，好不好？”在他的号召下，我们十几个与会的华人学者热热闹闹地凑到了一起。“这不是搞小圈子，实在是大家分散在欧洲各地，平日见面机会太少了，尤其是我，住在瑞典，中国人少得可怜，我又娶了一个西方女子，一年也说不上几句中国话，心里实在憋得慌。一有中文谈话的机会，就觉得格外亲切、舒畅。如果我们中国学者也能每两年一起聚聚有多好。”黄教授感慨地说。

沿着他的话题我们扯到欧洲汉学界华人学者的地位，大家普遍认为，目前华人在欧洲汉学界的地位，明显不及美国华人学者。说起来大家都有怨气。美国是个移民国家，不论你是哪国人，只要你有本事，你就会被重用。而在欧洲，华人学者即使再有本事，也不会受重用。目前欧洲出版的有关中国文化的研究著作，几乎都有华人学者的参与，但是这种参与却往往只限于助手工作，个人独立著书立说的，罕见得很，至于华人教授更是凤毛麟角了。

最后黄祖瑜老先生说：“早在多年前的巴黎汉学会上我就提出，我们华人学者也应该定期聚会，抛开政治偏见，在学术和教学问题上进行交流，并定期出版华文学术性刊物，因为一直没有人出面组织而搁浅。

如果在座的同人有同感的话，我再问一次，谁愿意挑起组织工作的重任，召集一次华人学者碰头会?”此话一出，全场立即沉默下来。我本来不想出面揽事，但没有一人愿意出面，倒也出乎我的意料。眼看着大家心里期盼的好事又要泡汤，我忍不住了。在北京“中国人民保卫世界和平委员会”工作时，我专搞组织工作。眼下组织一个十几个人的碰头会，与我过去组织万人大会、百万人大会和大型国宴相比，真是小菜一碟。只是我觉得这种事应该由德高望重、学识渊博的前辈学者挂帅比较合适，我想到了汉堡大学中文系主任刘茂才教授，也许我能说服他出面，我愿意当一个跑腿的“伙计”。于是我自告奋勇，答应回去和刘教授商量商量看。

31 “欧华学会”——新婴儿呱呱坠地

汉堡大学刘茂才教授果然是性情中人，听我一说，他马上就表态：“这是好事，我可以出面，不过组织工作就得麻烦你了！”1979 年 8 月 12 日至 18 日，在黄祖瑜和刘茂才的主持下，欧洲华人学者首届恳谈会终于在汉堡郊区举行了。我联系到一个德国过气侯爵的私宅，租价很便宜。一共来了 20 多人，皆来自西欧国家，大家都住在这宅子里，吃也在宅子里，自己动手做饭。

五天的聚会很快过去了，大家意犹未尽，纷纷要求成立“欧洲华人学会”。为此先选出五人筹备领导班子，我也被推为其中成员之一，负责秘书工作。在筹委会中我是年轻的，承担了大量具体工作。实在忙不过来，就让妻子汉学家海珮春也帮忙。1980 年 3 月，筹委会在巴黎召开了筹委扩大会，同年 9 月，又趁瑞士苏黎世召开欧洲汉学家年会之际，邀请与会华人学者共同商讨学会正式成立事宜。经大家建议，筹委会决定于翌年夏在里昂召开成立大会。

1981 年，“欧洲华人学会”成立大会终于在法国里昂正式召开了，地点在市郊的艾芙（Eveux）修道院内。8 月 27 日下午，近三十位来自欧洲各国的华人学者，一致举手通过了学会的组织章程，在如雷的掌声中，宣布了一个新生婴儿——欧洲华人学会（简称“欧华学会”）的诞生。掌声不但把这个消息传到世界各地，带来了更多人的关怀，也结束了欧洲华裔学人历来一盘散沙、各自为政的情况。当晚大家一起联欢，共同庆祝这个多年来众望所系的学会的成立。

在这次会议上，与会者报告了自己的工作心得。没想到中国学者在欧洲所进行的工作是如此广泛，文化界、学术界、欧洲各大学的研究所，几乎都有华人学者在默默无闻地工作着，而且成就卓越。这里只举几个例子。巴黎大学的李治华教授，以 30 年的心血，与夫人合作完成了《红楼梦》的全译本。全欧规模最大的荷兰莱顿大学汉学研究院图书馆馆长马大任先生，是欧洲汉学图书馆的权威。欧洲汉学会举办汉学图书馆研讨班，都是委托马先生做主持。瑞典哥德堡大学的黄祖瑜先生，河南信阳人，1939 年即定居瑞典，用英文和瑞典文翻译了大量唐诗宋词，以及古代和现代的优秀散文。他编著的《中国历史大纲》一书在瑞典出版获得好评，被列为瑞典大学的教科书，并多次再版。不少瑞典人，包括官方机构，经常向他咨询有关中国的各种问题。周庆陶先生任教于巴黎高级翻译学校，他的学生全是经过严格入学考试的大学毕业生。周先生不但桃李满天下，在科技翻译中，还成功创造了一些法文新词的中译，被国内业界采用。

一个星期的聚会，转眼就结束了。与会者以不记名投票方式，选出了第一届理事会，瑞典的黄祖瑜被推选为理事长，我是常务理事，负责学术出版。“欧洲华人学会”成立的消息很快传至四方，传向世界各个角落，除欧洲以外，美国、中国香港、泰国、新加坡、马来西亚、中国台湾等华文报纸也都发表了消息。中国内地观望了一个时期以后，也做了报道。这时候，从小道传来各种评论，不外乎议论这个学会的政治倾向性，以至审查起理事的个人履历和出身。有的说，这是中共的工具；有的说，他们拿了台湾的资助。总之，我们自发组织起来的这个学会首先触上了中国人最头痛的暗礁——政治。一些会员被劝阻参加会议，一些理事遭到攻击。在我们第一期学报里，曾发表了芦苇的一篇文章，她写道：“在西方，政治是一门学问，在中国，有这么几十年时间，政治是一个幽灵，你不要它，它也会摸上门来，登堂入室。这几年已有了很大的变化，但有些人已经养成了谈‘政’色变的条件反射，海外华人也不例外。……中国人要挨到什么时候，才能摆脱政治的梦魇？”

学会筹委会一再声明“不欢迎政治性的发言”，我们的章程上开宗明义地规定，“欧洲华人学会”为纯粹学术性组织——以提倡学术研究、彼此交换教研心得与经验、促进中西文化交流与合作以及敦睦欧洲华裔学人间的感情为宗旨。我们因而拒绝任何附带有政治条件的援助；我们欢迎与任何方面进行学术性的交流，但决不参与反对这、支持那的政治活动。的确有人想利用我们学会搞一些政治上的小动作，我们理事会严肃地讨论了这个问题，并写信要求他立即停止，否则就要他立即退会。

尽管我们呕尽心血，还是听到了不少闲言恶语。什么“欧华学会理事会里的人绝大部分都是亲共的，要小心”，“欧华学会理事中，有人在大陆被打成反革命，小心黑手、野心家”；什么“这学会成立起来，后面一定有政治背景，不那么简单”，“好好地在欧洲生活，搞什么学会？其中定有蹊跷”；什么“他们的钱是从哪里来的？没有钱怎么能办学会？”“他们都是在大学拿工资的人，没有背景，是养不起这样一个学会的”。如此等等。

自然这种评论是不会让人愉快的。我有时想，干这种事真是吃力不讨好，大家自己掏钱办杂志，组织学术讨论会，花去那么多时间，目的不就是想多为中国文化做点好事，但得到的竟是些冷嘲热讽，甚至还查你的祖宗八代，何苦呢，算了吧！可再一想，刚刚费九牛二虎之力成立了几年的学会就被几句恶语闲言击垮，这反而说明你心中有鬼，动机不纯。不！应该坚持下去！一些人离开了我们，但我们这些理想主义者还是如期召开了各届年会。记得日内瓦那次年会（1989 年 7 月底）是在一个学生宿舍召开的。学会不但没钱，还欠了一屁股学报印刷债。这届大会开得气不够顺，幸有刘海粟大师亲临年会作画赠词，给年会增加了生气。

那个时候，在欧洲的华人学者不怎么受到尊敬，难以筹资，学会缺少财物上的支持，每个会员都是自己承担旅费来参加两年一次的学会活动。20 世纪 80 年代一连在里昂（1981）、巴黎（1983）、科隆（1985）、柏林（1987）、日内瓦（1989）召开了五届大会，与会者一般都能保持四五十人。那时台湾和大陆对立极为严重，我们学会政治上坚决保持中立，不站队，影响也越来越大。

在日内瓦召开的第五届大会上，我被推选为欧华学会理事长，大家决定下一届十周年成立大会在汉堡举行。真是“皇天不负苦心人”，此时，无论东方和西方，两军对垒的形势都在缓和。中国大陆和台湾的相互开放给我们在国外的炎黄子孙也送来了暖风。什么政治，什么主义，什么原则、立场，大家都是黄肤黑发，还总跟着白人的鼻子，洋教条转，太没道理了。亚洲的四小龙，三条是华人的结晶，它擦亮了大家的眼睛，使人们深深地反思，中国人要是团结起来会形成多么大的一股力量。我们在欧洲的华人学者大有可为啊！

我自从来到德国，对德国的不重视中国文化的心态倍感不平衡。我在国内读过英、法、德、俄、美等西方国家翻译成中文的文学作品，但是，在德国，连中国的五大才子书《红楼梦》《三国演义》《水浒传》《西游记》《西厢记》都没有像样的翻译版。因而，我自说自话地下决心，我现在在欧洲，就要尽量把中国的文学介绍到西方来。既然大家选了我，我就要尽汉堡的地主之谊，把这次年会开好。大家都是文采奕奕的学人，过得高兴，多写几本介绍中国文化的书，哪怕我把这两三月的工资全部奉献出来，也心甘情愿。

32 结识霍英东先生

无巧不成书。就在欧华学会经济上一筹莫展之时，我结识了霍英东先生。那是 1989 年 11 月，正好是柏林墙刚刚倒塌之后。一天，我接到一个电话，是霍英东基金会主席何铭思先生从法兰克福飞机场打来的。他说霍英东先生一家几口要到柏林去访问，能否拨冗相见。霍英东是世界知名的大企业家，我很纳闷，自己与他从无交往，他们是如何知道我的电话号码的。何先生说："霍英东先生长期订阅香港的《信报》，您是《信报》的专栏作家，自从 1985 年以来，您几乎每周都有一两篇文章见报，分析欧洲局势，乃至世界大势，霍英东先生很喜欢读您的文章，想和您认识，希望能在西柏林见面。"听后，我欣然同意。

我很早就知道，霍英东先生（1923—2006）祖籍广东番禺，出生在香港一个穷苦的水上人家，一家人住在舢板上，以船为家，靠捕鱼、驳运为生。7 岁那年，他的两个兄长在一次风灾中翻船身亡，父亲不久也病故。霍母怀着悲伤的心情，带着霍英东及其姐妹三个孩子上岸居住，她则艰苦地经营驳运业。霍母深知，没文化难有前途，霍英东小学毕业后，便以每月 5 港币的"高昂学费"把他送入名校皇仁学院读书。1941 年底太平洋战争爆发，日寇轰炸香港，正准备考试进大学预科的霍英东辍学了。

18 岁时霍英东找到第一份工作，是在轮船上当加煤工。后来他母亲在湾仔和船上伙伴合作开办了一个杂货店，他在店里学会了如何在同一时间应付十多个顾客而面面俱到，还练就出敏捷的算数头脑，为他以后做生意打下了基础。

20 世纪 50 年代初抗美援朝时期，美英等西方国家对中国禁运。此时霍英东开始经营驳运业。他敢于冒险，冲破禁令，将稀缺物资和盘尼西林等药品运进中国大陆，支援祖国，也赚了一些钱。航运业的成功，使霍英东对自己的事业充满信心。朝鲜战争以后，他将目光和经营重点放到楼宇住宅建设上去。1954 年底，他出资加贷款在铜锣湾买下他的第一幢大厦，创办了立信建筑置业有限公司，他的事业走进全新的时代。是霍英东，在香港最先创造了“卖楼花”的办法，把楼宇预售，只交首付就可买房，这可以吸引更多市民买房居住。他还挖取海沙卖到大陆，建材生意也做得很好。从此，霍先生大展宏图，到20世纪70年代末80年代初，霍英东名下已有六十多家公司，大部分经营房地产生意。他本人亦被推举为香港地产建设商会首任会长，昔日的苦力成了香港商界举足轻重的人物。

中国的改革开放给霍英东带来了新的商机。1979年，当别人还在犹豫观望的时候，他在广州开始投资兴建白天鹅宾馆，1982年竣工，这是中国第一家五星级宾馆。1990年我们夫妇二人来到广州，霍英东先生把我们当作贵宾，安排我们住在白天鹅的国宾楼。房间里的一本精装留言簿，竟然有英国女王伊丽莎白和美国总统尼克松的签字和留言。该酒店后来在全中国以至全亚洲起到了样板示范作用，据说，欧洲的一些大酒店也来观光学习。

33 大方捐献文化事业

身为亿万富翁，霍英东并不追求奢侈和享受，爱吃的还是玉米、芋头和稀粥。但是他却捐献出大量资金，为家乡修桥修路，捐资兴学，捐建体育馆，支持中国的体育事业，等等。从一文不名的“舢板客”白手起家，成为国内外享有很高声望的实业家，我对霍先生充满了敬佩。1989 年，霍先生来到柏林，我与霍先生一家会面，并陪同他们一起在东西柏林游览了好几天。对他们来说，我算是“老德国”，讲起什么来都头头是道。

在一起的几天时间，我发现霍英东先生在政治上非常敏感，他对我说：“东西德这两家恩恩怨怨几十年，现在双方老百姓自动把柏林墙拆了，大家高高兴兴，为什么海峡两岸的中华儿女不能和好呢！”我们两个人想到一起了，我对他老人家十分尊敬，我们很快就成了好朋友。

临走前一晚，何铭思先生到我房间来，递给我一个信封，里面装有 2000 美元，表示谢意。我坚决谢绝，我说：“我这次专程来柏林，是因霍先生为中国做了很多贡献，慕其盛名而来，做朋友比金钱重要。”第二年，也就是 1990 年，我们到香港，霍英东先生接待了我们，并关心地问到，他在报上读到关于欧华学会的消息，希望我做一介绍。我向他介绍了欧华学会成立的目的和活动情况。何铭思先生表示，霍先生长期支持中国的文化教育事业，虽然和您关先生萍水相逢，亦愿助一臂之力。何铭思先生的这番话无疑是“雪中送炭”，我非常激动。

1991 年，在霍英东基金会以及汉堡华人界朋友的大力支持下，适逢海峡两岸融洽的气氛，我们在汉堡举办了一次大型国际学术研讨会暨欧华学会成立十周年庆祝会。来自法、英、德、俄、瑞典、丹麦、捷克、匈牙利、保加利亚的会员，以及美、加、新西兰、马来西亚、中国内地以及香港、台湾的特邀客人，共 22 个国家和地区的学者近百人，济济一堂，互相切磋学问，交换心得。霍英东先生也在百忙中不远万里飞来汉堡与会，做了长篇发言。汉堡大会自始至终开得有声有色，极为团结、活泼，空前成功。中国内地、香港、台湾以及新加坡、马来西亚媒体都做了肯定的报道。我的积极努力受到学会全体会员的肯定和支持，会上被选为欧洲华人学会理事长。那个年代的欧洲，这样的华人学术组织寥寥无几。

34 以小人之心，度君子之腹

两年以后的 1993 年，第七届欧华学人年会在维也纳召开，晚上的理事会由我主持。会上，一个常住柏林的台湾女士，忽然提出愿意和我用民主的方式竞选理事长。这对西方人来说很正常，但对我们这样一个小团体来说就很让人诧异了。我们的会章写得很清楚，理事长最多只能当两届。虽然我们这个学会组建已有 12 年，几乎所有组织杂事以至寻找资金，都由我这秘书一手操办，理事长都是由瑞典的黄祖瑜，法国的周庆涛、李治华这些年长的学人担任。直到上届，大家才把我推选出来。霍英东先生主动鼎力相助，我们学会第一次有了几万美元的资金。现在我只当了一届理事长，照理还可以再当一届，这位女士忽然站出来要求竞选，两年时间都等不及了。

这时有人暗中对我说，她在会下诽谤我，说我关愚谦财务不清，这让我丈二和尚摸不着头脑。我们负责财务的是大家推选出来的宋新郁，一切财务都由他管理，我只是向霍英东先生筹措资金的人。照理该给我奖励才是，现在居然拿财务不清在我背后大做文章，以此作为她夺权的手段。它令我想到当前世界世俗的党派之争，互相攻击。台湾也如此，甚至一个家庭，一个单位，一个族群，都会产生矛盾。这太可怕了。我出身书香世家，父母都是教书的，我这一生，从未和金钱打过交道，在国内以及在国外的每月工资都是通过银行汇款。何况我们这个小小的学术组织，总共能有多少钱。不过只是几万美元，这点钱对我来说微不足道。我们学会一共办了四期《欧华学报》，都是由我这个主编私下垫钱，我也从未说与外人。她是以小人之心来度君子之腹，这种竞选夺权手段未免太卑鄙了。

我们创办这个学会，目的是把中华文化传播到西方，我本人也一直设法避免它卷入大陆、台湾海峡两岸的政治冲突漩涡里。现在，竟然也会出现争夺领导权的局面，我很伤心。理事会上我当即宣布，我很失望，自动退出理事会。我这个举动惊动了理事会成员，大家都知道，关愚谦是欧洲华人协会的一个灵魂，没有他，这个协会不可能再继续办下去，这个杂志也会办不成。

这时，理事会的左贞观，莫斯科的一个著名指挥家兼音乐家，游说其他理事，坚持让我继续当理事长，并且劝我不要这样冲动。我的思想非常矛盾，我们这个学会从 1980 年在汉堡开始筹备，我就全身心投入。欧洲这块大地，尤其是德国，白人的欧洲中心主义思想非常严重，他们不但不关心、不了解东方，而且带着一种蔑视的态度，连中国的四大文学名著都没有完整地翻译到西方来。我们成立这个协会的目的，就是希望我们的中国文化走出国门，现在，这个组织刚刚开花结果，就出现这样的一幕，我非常寒心。维也纳的会议就在这阴影下结束了，最后，大家还是推选我当理事长。

35 一次盛大的巴黎“欧华学会”

1995年第八届欧华学会年会在巴黎召开，这届大会报名人数多达140人，仅仅欧洲地区的与会者就来自十几个国家。与会的人都受到食宿免费的招待。美国来的哈佛大学教授杜维明和资深评论家赵景伦，大陆来的杭州大学校长、哲学家沈善洪，北大哲学系主任叶朗，台湾佛光大学校长龚鹏程都应邀光临，给大会增色不少。

霍英东先生不但再次捐款，并且再次到会，做了《中国的现代化与香港九七回归》的报告。这一盛况是对我们这些苦心经营者的最好回应。参加这届巴黎大会的还有一位热心人士陆铿先生，二战期间他曾任中国驻欧洲战地记者、《中央日报》副总编辑兼采访部主任。1949年4月，他创办《天地新闻》日报，批评国民党，随后入狱，后被阎锡山、于右任救出。1957年他在国内又被打成右派，被关押至1975年。他于1978年4月底赴香港，后与胡菊人创办《百姓》半月刊。他为人热心正直，直话直说，一心希望中华民族强盛。我到美国哥伦比亚大学访问时，在纽约邂逅了陆铿先生。当我告诉他，国内佛教界领袖赵朴初先生已经表示愿意来巴黎与会，陆铿先生眼睛一亮，说：“你怎么认识他？那么我也争取台湾的星云大师来巴黎赴会。”

谈起赵朴老，我就难以控制自己。大文豪赵朴初先生和我的父亲关锡斌于抗日时期在上海相识，都是反日抗战的积极人士。20世纪60年代，我在北京“中国人民保卫世界和平委员会”（简称“和大”）工作时，赵朴老为“和大”常委、副主席，后任中国佛教协会会长。由于他是佛教居士，吃素，领导安排我要特别照顾他，我们就这样认识了。赵朴老始终没有忘记我，我出国后还一直和他老人家有联系。

陆铿是个说话算话的人，他从美国打电话给我说，他和星云大师联系上了，如果赵朴初老先生去巴黎，星云大师也愿意去巴黎。他还说，在台湾住的蒋介石二公子蒋纬国先生也动心了。听到此消息，我向陆铿好友再三感谢，因为台北这两个掷地有声的重量级人物如果参加，必然为我们学会增色不少。我们夫妇二人正好要到国内去探亲，也就利用这次机会飞往台北去拜访这两位在台北赫赫有名的人物。蒋纬国前辈身体不适，在陆军医院接见了我们夫妻，并说现正在做全身检查，如果健康，一定飞巴黎与会。星云大师知道我们是陆铿先生的朋友，立即和我们见面，并表示只要赵朴初老前辈由北京去巴黎，他也一定来。星云大师还主动和他在巴黎的佛光会主持通电话，送两万美元支持我们的巴黎年会。遗憾的是，赵朴老夫人忽然来电话告知，赵朴老病倒了，星云大师也不来了。对我们来说，这真是极大的遗憾，但是我有缘能在台北采访到星云大师和蒋纬国将军，也是一大收获。这次大会的成功与霍英东基金会及国际佛光山巴黎分会的支持是分不开的。

36 维也纳年会济济一堂

继1997年举行了海牙年会（第九届）之后，进入21世纪的2000年7月，在维也纳召开了主题为“展望中国的二十一世纪”的第十届年会。此次世界性的国际学术研讨会，知名华人学者如哲学家李泽厚、文学家刘再复、西方思想史学家赵复三、著名记者兼国际评论家陆铿、台湾民族学家谢剑都来了，把这次会议的学术水准推向了更高的层次。

6月30日清晨，欧洲华人学会国际学术研讨会的与会者纷纷报到，来自法、德、意、西、荷、比欧洲国家的老朋友都先后到达了，最老的朋友当属赵复三了。1949年前他在上海基督教青年会工作时，我才16岁。当时他就是年轻人中极有威望的学者。他知识渊博，为人谨慎，一方面为教会工作，一方面又参加了革命活动，我始终把他当作老大哥看待。这次研讨会，他一直犹豫来还是不来，很怕给我带来负面影响。

后来我才知道，在两年前，有北京高等院校请他回去任教，听说被高层否决了。他这一生在儒家和基督思想的影响下，永远息事宁人、处事低调，舍身外，守身内。他人在国外，仍是“身在曹营心在汉”，想利用自己的晚年，把《欧洲思想史》这一巨著攻下来，翻译成书，献给国人，目前，这一工程已接近尾声。

复三兄那时已70多岁，离国已11年，可以这样说，他的一生基本上都献给了自己的祖国，就因为在处理某些问题上有不同看法，就拒绝他回祖国，未免不近情理。国家是属于中国人民的，除非哪个人有明显的颠覆国家的行为，否则，每一个中国人都有回到自己祖国的权利。我曾被拒绝在祖国大门之外13年，深知那种精神上的摧残不是笔墨可以形容的。目前，国家大力发展经济，需要和谐的环境，像一批类似赵复三先生这样年迈的人，就让他们落叶归根吧！这对缓解矛盾是绝对有好处的！

赵复三前脚刚到，李泽厚、刘再复二兄也提前一天风尘仆仆地赶到了。没想到，已经百分之九十九来不成维也纳的李、刘二兄，竟然比一些来自日本、韩国、中国内地、中国香港、中国台湾的学者到得都早。正在大家兴奋地拉手问好之际，年逾八五高龄的《红楼梦》法文版翻译家李治华夫妇和八十有二的著名记者陆铿贤伉俪接踵而至，旅馆前厅忽然成为泰斗云集之地。大会还未开始，就已经掀起了一个小高潮。

星期一大早，会议大厅挤得满满的，大陆学者也纷纷赶到了。与会的人数竟然大大超过原计划，有八十多人，顿时吃饭、房间、交通都紧张起来。把我们有本事的副会长、《多瑙时报》总编常恺夫妇忙得焦头烂额，不亦乐乎。他们将维也纳的几个访问学者动员起来帮忙做接待工作，连在维也纳有两家大饭店的老板夏小华也来协助做司机，并管理录像、录音工作。这次学术研讨会历时四天，三天讨论，一天游览维也纳。要求宣读论文的人非常踊跃，我们只给了三位重点发言的赵复三、李泽厚和刘再复每人 30 分钟发言时间，其他人一律只给 20 分钟的发言时间。大会主持人台北南华大学社会科学院院长、《信报》专栏作家谢剑教授铁面无私，时间掌握得丝毫不差，会议开得紧凑且内容丰富。

37 先天下之忧而忧

这次与会的学者都是抱着一种“先天下之忧而忧”的心情而来，大家心思纯正，毫无私心，几天的会议个个投入，讨论激烈认真，虽然经常擦出火花，但气氛始终和谐融洽，情绪热烈。

这次参会的人很有意思，老、中、青各占三分之一，中国、欧洲和其他国家地区来的人也各占三分之一。当大家知道，这次会议之所以能举行，是霍英东先生和他的基金会支持的，我们学会成立 20 年支撑到现在，也都是与霍先生的支持分不开的，大家纷纷要我代表大家向霍先生致以崇高的敬意。一位会员感叹地说：“我们大家虽然在欧洲开会，但是意义重大，我相信，只要我们坚持下去，这种学术讨论会的论文一定会通过各种渠道传到世界各地和中国。”常恺插话说：“实际上，我们的学报已经散布在全世界各重要的院校图书馆，我们的学术讨论会已经远近皆知了。”

这届研讨会正逢世纪交替的 2000 年，中国如何面向新世纪，是所有中国人关心的事情。文学家刘再复表示，这次研讨会之所以非常成功，是因为与会的人来自世界各地，虽然都是中国人，但有的在西方住得较久，潜移默化地受到西方文化的熏陶，看问题的角度与国内人不同，因而在讨论过程中，可以感觉得到东西文化的互补、交流和互相碰撞，东西方文化的气脉被打通了，所以这次研讨会开得有意思、有深度。我们有许多研究西方文化的中国学者，把不少西方文化孤零零地或断章取义地介绍到中国来，但是，气脉并没打通。

这次讨论会的题目虽然很广，但都围绕着“中国的前途”这一主题。李泽厚先生从哲学角度探讨中国社会，提出“古哲学和新世纪”，重建理性的主张。刘再复则从文化深层结构方面去分析，提出警告说，“语言暴力”不只是一个语言的问题，也反映了社会上许多问题，不能掉以轻心。赵复三兄的发言题目为“思索和痛苦”，他追忆 20 世纪给中国人民带来的痛苦。

众学者这次论文中所触及的范围很广，有哲学的、社会科学的、经济学的以及文化的。每篇论文都力图从不同的角度提出自己的看法，提出自己的意见。几乎每一个发言，都引起了争论，擦出了火花。

38 新理事会产生了

会上提交了三十余篇论文，由于时间关系，我们不得不割爱一些与会者的发言，准备把论文专册出版。由于大会开得紧凑、活泼、深入，一些第一次远地来维也纳的学者表示，这次来，本想发言后，就去欣赏维也纳风光，可是，会议内容太精彩，舍不得离去。李泽厚也在饭桌上说：“我参加过无数次学术会议，有的会议枯燥无味，我往往是发过言后，不是外出游荡就是关在旅馆房间内看书。但这次研讨会，开得非常有意思，我场场都参加。”刘再复在旁边一再点头说：“确实如此，我对李泽厚非常了解。他这次场场都到，真不容易，说明这次会议很吸引人。”我马上乘机发话：“泽厚兄，我们下一次的研讨会，你来不来啊？”说着，我把手伸了出去。他知道，和我拉手就等于是非来不可了。他想了想说：“我只能答应你一半，如果没有特别原因，我会来的。”说罢他也伸出手来。我知道，他这个人是说话算话的。

欧洲华人学会从成立到现在，已经有二十年历史了，会员大约有一百多人。但是，大家都分散在欧洲各个国家，有相当一部分老学者已经退休，或已离开欧洲回国或去了其他国家，如美国、加拿大。即使在欧洲的学人，个人忙个人的事，平时很少联系，到开会时，来的人有时多，有时少。我们的新理事会认为，根据这些年的经验，今后理事会的任务仍以组织国际学术论坛为主，并设法以欧洲华人学会的名义出版欧洲丛书，把欧洲各方面的发展情况，介绍给国人。

这届新理事会选出新的机构，理事长关愚谦（德国），副理事长常恺（奥地利），秘书长陈彦（法国），理事为左贞观（俄罗斯）、俞力工（奥地利）、张明行（法国）、杨煦生（德国）。下届年会将在两年后召开，地点待定。由于内部争权夺利等情况，欧华学会逐渐有名无实，衰落下去。最后一次组织大会是由新秘书长、巴黎的陈彦组织的，地点在广东珠江三角洲的南沙市。南沙市是霍英东先生一手筹建出来的，由过去的一片荒野成为现在的一个非常现代化的城市。这次学术研讨会很是盛大，法国前总理，欧盟的一些组织人员，中国前外交大使吴建民，还有一些很强势的电视台、电台主持人，著名国际评论家纷纷到会。研讨会整整开了三天，非常成功，只是这次年会也成了我们欧洲华人学会开放出的最后一个花朵。霍英东先生仙逝以后，如果我那个时候还富有生气，继续推动组织这个协会的话，我相信完全可以再筹措到财政资助，但是我已经对它失去了兴趣，开始把自己的精力转移到德国和中国的文化交流上面。

39 《欧华学报》留劳绩

一个学术组织最重要的两项工作，是组织召开会员大会和出版学术刊物。早在1981年欧华学会成立大会上，与会者就一致同意出版《欧华学报》，并慷慨解囊支持，第一期的费用一下凑齐了。1983年5月，在法国巴黎召开的第二届大会上，人们已经看到自己的第一期学刊。第一炮总算打响了，可是接着第二期，稿源、资金、编辑等问题都来了。此外，华人学会的理事分布在欧洲各地，杂志的主编、副主编分散在法、荷、德三国，都在大学任教，一个稿子寄来了，有时都不知道它在谁手里。如果有一个脱产或半脱产的编辑该多好，但是，又遇到了头疼的资金问题。第二期的稿件都来了，资金还没有着落，怎么办？于是大家又开始掏腰包，七拼八凑，外加一些乐善好施的朋友的捐助，终于发了稿。1987年出版了第二期。

这样办杂志，没有资金做后盾，并非长久之计。90年代有了霍英东基金会的慷慨解囊，1993年和1997年又出版了两期。我最初是《欧华学报》副主编，后来担任主编。四期《欧华学报》都是在香港印的，封面印刷精美大方，内容也很丰富。作为一本综合性学术年刊，以人文社会科学论文为主，亦兼顾自然科学方面的文章。内容除论著之外另设有“书评”“欧洲华人学者动态”“中欧文化交流”“会员图书出版消息”等栏目。每期篇幅从最初的160页扩展到220页，版本也从24开扩大到16开。刊物发往世界各大图书馆、大学和科研机构，并在香港、欧洲华文书店出售。其中创刊号，除发刊词、欧洲华人学会章程、编后随笔、稿约外，计有16篇文章：郑德坤《夏文化》、柳门《机器人在近代汽车工业中之地位及其前途》、李治华《〈红楼梦〉法译本缘起和经过》、唐弢《谈水浒》、吴同宾《京剧的念白》、钱志豪《编纂〈法汉与汉法英法律词典〉之缘起、经过与心得》、洪有纾《现代语言学一瞥》、雪人《赵无极色与光的艺术》、李学勤《考古发现与东周王都》、陈浩《评介敦煌文学书三种》、车慧文《满学研究简介》、叶国荣《里昂中法大学简史》、李平《法译老舍中短篇小说选〈北京居民〉读后记》、李尘生《1921—1946 里昂中法大学海外部同学录》、关愚谦《欧洲华人学会筹组经过》、芦苇《记欧洲华人学会成立大会》。可爱的读者们，我之所以不厌其烦地列出题目，也可以知道文章内容大部分都具有相当高的学术水平。值得一提的是，封面设计清新可喜，封底是旅法名画家赵无极的两幅精心作品，为该刊增色不少。欧华作家们也为《欧华学报》撰写了稿件，如赵淑侠在第二期发表了《浅谈中国当代文学》，第四期载有朱文辉《华文文学在海外的传薪与发扬》。

这四期《欧华学报》既有学术价值，又记录了《欧华学报》的发展轨迹。当初谁也没想到，我们这个欧洲华人学会像滚雪球似的，越滚越大，她从无到有，从小到大，先后开了 11 次年会，出版了四期学术刊物《欧华学报》，尤其是 1991 年的汉堡年会和 1995 年的巴黎年会，是两次最为成功的国际学术研讨会，来自世界 22 个国家和地区的一百多位华人学者相互切磋学问，欧华学会在国际上获得了声誉，被世界学术界所承认。

欧洲华人学会一直坚持了近 30 年，已经成为海外华人学者生命和事业的一个组成部分。我一直参与了组织工作，作为理事长，我深深感到，组织这么一个没有政治倾向的学术组织，真是千头万绪，而且吃力不讨好，做事的人很少，闲言闲语反倒听了不少。但当我想到，这样的一个在国外生存了二三十年的学会，能够不断地提供这样一个学术交流园地，做一座知识的桥，把海外的尤其是欧洲的学术讯息通过定期的学术研讨会传达给世界各地及国内的华人学者还是很有意义的。学会秘书长陈彦曾在一篇文章中这样写道：“在欧洲的华人学者讯息的重要，不仅因为他们身在欧洲，对学术前沿的进展有自己的切身感受，也因为这些学术讯息是通过他们独特的观察视角所筛选的。由于地域上的近，他们往往能够较准确地把握西方的新动向，又由于血缘上的亲，他们常常可以抓住西方与中国的恰当的交接点。定期的交流，不仅有沟通的作用，也有纠偏的作用。”

学会过去把精力更多地放在扩大组织上，人多事多，占去很多时间。这些年，欧华学会的会员们年事渐高，老一代理事长如黄祖瑜、周庆陶、李治华已经一个个或告老或辞世。我这个当年的小字辈也已年逾古稀，两鬓飘霜。我卸下了学会理事长的重担，集中力量从事写作。更由于霍英东先生辞世，欧华学会内部出现权力之争，逐渐淡出历史舞台，但欧华学会在欧洲华人史上已经留下了不可磨灭的印迹。

40 安息吧！霍英东先生

那一天，2010 年 6 月 28 日，也不知为什么，一直心惊肉跳，总觉得不舒服。和朋友聊天，大家不断提到霍英东的大名，起初觉得这很自然，因为我这次赶来上海，是参加交通大学陈瑞球楼落成典礼的。香港的陈瑞球老人家，穷苦出身，终生奋斗，现八十高龄，仍不断地关心中国的文化事业，投入大量的资金，例如支持梁国贞女士创办的“海外华人子弟回中国寻根求识”，支持欧华文化交流活动，支持国家扩大办学。这种种义举，使我不断联想起霍英东先生。

谁知道，深晚回到家里，骤然听到霍公辞世的消息，我大为震惊，心如刀割。还是前一年 10 月间，我和他老人家才在珠江三角洲的南沙新城见面，共同主持“南沙欧中文化论坛”国际会议。他老人家不但抱病出席，还提供了二百多位中外学者五星级南沙大酒店的食宿。那时，我已经发现他比往常虚弱很多，需要人搀扶，何铭思先生告知，霍公知道此会议的分量，非要亲自与会不可。我们欧华学会和霍先生一起主办过三次国际会议，首次在汉堡，二次在巴黎，没想到这次的南沙城相遇，竟成为我们的最后一次会面，想及此，我不禁潸然泪下。

夜深人静，霍公的形象一直萦绕在我的脑海间，越来越庞大。和他接触的往事，历历在目，我难以入眠。1990 年与霍英东先生在柏林初识，那时正逢德国东西柏林城墙倒塌，霍先生专门来考察两个不同社会制度的国民是如何统一在一起的。他为人谦虚好学，两眼炯炯有神，很少言语，只提问题，仔细听他人回答，默默思考，给我留下极深刻的印象。

认识霍公之前，我曾在香港道听途说一些有关霍公的消息，什么英国给别人封爵没有霍先生的份儿啦！霍先生某个孩子的不法行为与他有关啦！我对狡猾英人用拉拢和排斥的办法挑拨离间、统治殖民地人民常有所闻，这些送衔赐爵的伎俩是其中之一。我曾问一英友人，为什么你们政府早不赠晚不送，偏偏等到香港快回归时才赠送？他耸耸肩，无言以答。我最相信的还是自己对一个人的直觉印象，愿听其所言、察其所行、观其所倚。和霍先生接触后我发现，他和小道的传说，判若两人。

人和人之间的友好关系，都要建立在互相信任的基础上，我们自认识后，以诚相待，我非常尊敬他的创业精神，关于他在对外开放最开始时在广州兴建白天鹅酒店，以及后来他投资南沙新城的情况，我写了多篇文章，如《霍英东的开拓精神》《待到山花烂漫时，他在丛中笑》。他则支持我在欧洲创办的欧华学会。尽管从各方传来各种闲言碎语，并未影响我们之间的友谊。

霍英东先生最令我佩服的是他对中华民族的热爱和对中国苦难同胞的胞谊之情。他来自社会底层，他这一生所想的就是如何把他用毕生精力所得到的收益回馈给他自己的同胞。很多人对霍英东先生在广州投资兴建白天鹅酒店并不了解，不少人认为他企图通过白天鹅赚回更多的钱。某次我和霍先生促膝谈心，他说："关先生，白天鹅酒店是在中国改革最初兴建的，当时，要得到审批，不知要过多少难关。但是我知道，一旦白天鹅酒店被批准，广州就会以一业带百业，市场就会动起来。中国没有建设五星级酒店的经验，我先投资做个榜样，我相信，这会影响其他城市的。我投资兴建这个酒店，不求任何回报，只求国家欣欣向荣，一切收入，捐给国家。"

霍先生这些话深深印在我的心中，并不断拿它出来和现实印证。白天鹅建成，广州的确百废俱兴，从电器到装修，从服务配套到引进先进技术，广州动起来了。自此，全国各地派人到白天鹅来取经，派服务员来学习，外国朋友包括国家首脑，如美国总统尼克松，英国女王伊丽莎白都接踵而来。最先受影响推广五星级酒店的城市是北京，私人出资，国家合作，最后全国雨后春笋般兴建起酒店，旅游业给带动了。目前我在全国各大中城市旅行，每每看到中外游人如鲫，四星、五星酒店比比皆是，立即想到霍英东先生的那些话："以一业带百业，百废俱兴，欣欣向荣。"

欧洲华人学会自 1981 年成立，经历了风风雨雨整整 25 年。霍英东先生一直支持我们的成长。现在她已经结出硕果，欧华文化交流协会和基金会的建立都是她派生出来的产物。我们永远不会忘记霍英东先生。还记得霍先生在汉堡大会上的讲话："我一个人一个月也吃不了一斗米，我的财富来自于民，也要还之于民。"他这句话绝不是空话。

霍先生最大的手笔应该是投资兴建珠江三角洲的海港城市南沙新城。笔者是一个从头到尾的活见证人。这二十年来，笔者几乎每两三年都到南沙去访问，亲眼看到这个被人称为“白骨岗”的沼泽滩，如何被一筐筐的土方、石块和混凝土填平，再在上面修建房屋的。这二十年来，霍英东、何铭思以及他的儿子震霆、震宇、震寰等不知花去多少精力和资金，把它建成一个现代化的花园城市。我初来这沼泽滩时，霍英东、何铭思先生正在指导工人如何先搭桥、筑路、修渡轮，开辟与香港通航的客货码头。接着，霍先生投资连接珠江口东西两岸的交通要道。他的思想是先把通往东西南北的交通网络建好，然后全面绿化环境，修建供人旅游的天后宫、水乡一条街、高尔夫球场、公园，等等，让传统文化与现代化相结合，接着再全面铺开，修建国际商贸大厦、高级住宅区、中心会堂、南沙大饭店，等等。这种建设新城的大手笔，我这一生闻所未闻，见所未见。现在，南沙已经成为珠江三角洲的枢纽，是广州和香港的必经要道。人们想从香港或广州做短期度假，南山是最理想的地方。只要站在新建好的江畔花园区龙腾亭，远眺珠江的河水滚滚流至大海，对面的虎门古炮台和那浮在水面上的大小岛屿尽收眼底，就会想起我们的霍英东先生。

我曾对霍先生说，按照城市形成的规律，应是人们聚居而成的。他老人家说：“这是对的。但是时间不饶人啊，要等到哪天哪月，中国才能赶上西方，改变人们的生存环境，让人们脱离贫困啊！”他的话又被事实印证了。现在全国各地兴建起来的新区新城，不都是先建后迁嘛！

霍先生的事迹在短短的文章里是说不完的，我们向他学习的应是他那创业的思想、顽强的精神、爱中华的情操。无论有多少困难和险阻，都没有削弱他的坚强意志。我衷心希望他的后人以他为榜样，拧成一股绳，把霍公未竟的事业，坚持到底，发扬光大。

安息吧！我的朋友霍英东先生！

第七章　运气来啦

41 我们正在找人撰写呢

德国法兰克福书展，每年初秋举办，驰名世界。书商来自五大洲，其中包括中国新华书店和国际书店，后来中国各省市也都来参加。1979年，我接到当时的香港三联书店萧滋副总经理兼总编的来信，告知我香港的三联书店、商务印书馆和中华印刷厂的负责人，一行五人将于1980年首次参加法兰克福国际书展，问我们夫妻二人是否可以协助一二。我们一口就答应了。

自从和三联书店总经理蓝真、总编辑萧滋二位先生认识后，我很欣赏他们二人的为人，尤其是萧滋先生。他是一个谦谦君子，在香港给我介绍了不少朋友，现在他有求于我，我们理当全力相助。我们为他们安排好来德事宜，并请他们提前三天，先来汉堡参观德国出版社、新书批发站和印刷厂、书店的情况，并把他们介绍给刚刚认识不久的莱内克出版社的社长夫妇。

更巧的是，香港中华印刷厂刚刚在德国进口了最新的七彩印刷机，一同来汉堡的厂长一口答应，如果出杂志，他们负责印刷，萧滋先生也愿意配合帮助一切，这样的热情对冷酷的北德人来说是少见的。他们圆满访问了汉堡以后，我和珮春又专程陪他们去法兰克福书展，义务替他们做翻译，照料他们的衣食住行。

在法兰克福书展上，我陪着萧滋等人，到处观看。第三天，我们来到德国一个有名的科尔·哈默尔科技文化出版社的展台，该社总编史魏克特博士出面接待我们，萧总和他互相交换了名片。我以翻译的身份出现，未引起他的特别注意。在他们谈话结束后，我看见展台书架上摆着该出版社出版的各国《文化旅游指南》丛书，少说也有二十多个国家，每部都很厚实，不同于一般肤浅的旅游小册子。我搜索了两遍，未发现有介绍“中国”的。我于是问总编史魏克特博士：“您这里怎么没有介绍中国的指南？”“我们正在找人撰写。”史总编说。“您找到了吗？”“还没有。我们的丛书不同于一般旅游小册子，侧重于文化方面的介绍，并且力求内容全面。我们的作者几乎全是大学教授。”“我对此很感兴趣。”我说。“您？您不是他们的翻译吗？”“是临时帮忙的。我在汉堡大学中国语言文学系任教。”我掏出了名片。史总编眼睛一亮，礼貌地问等在一旁的萧滋先生：“我可以和关先生多谈一会儿吗？”“当然，当然。”萧滋先生一行先走了。

“关先生！您在德国出版过什么著作吗？”说也凑巧，我和学生们一起翻译的《中国古代民间故事》刚刚在德国著名的 Suhrkamp 出版社发行，该书就放在我随身带的书包里，我就把它拿了出来。“关先生，太好了。不过我们的指南系列对德语要求很高。对不起，我是说……”“这点您不用担心，我妻子是德国人，是汉学家。我们可以一起写这本书。”“好！好！让我再考虑一下，我会到汉堡来拜访您的。”

我这人永远是头脑容易发热，常欠周全考虑。而珮春正相反，三思而后行。回到汉堡，我兴奋地向珮春说了此事，她当即泼冷水地说道：“什么？这个出版社可是大名鼎鼎，他们出版的文化指南、旅游丛书在德国首屈一指，家喻户晓。你要知道，中国这么大，写这么一本包罗万象、面面俱到的书，哪里去找那么多的资料？最糟糕的是你又不能回中国去搜集。”

给她这么一说，我的心一下凉了半截。那时中国刚刚对外开放，名胜古迹在“文革”时被破坏了很多，如果去中国旅行的德国人拿着我们凭旧资料写的书按图索骥，也许很多古迹实际上已不复存在，那不太坑人了，这本书的权威性也无从说起呀！就在这紧急关头，我在汉堡大学遇到了一位刚从中国来的“学人”，他好像很了解我的情况，悄悄地告诉我，“你的问题会很快解决”。他看我将信将疑，就接着说：“你大概不知我是谁，我爸爸和你爸爸都是在国务院机关事务管理局工作的，他是你爸爸的上级，属正部级，所以我知道你的事，说不定……”“说不定怎样？”我警惕地问。“没什么！可能今后我会多关心你的事，也希望你帮我的忙。我现在急需一笔钱，不多，五千欧元。”

这个人的一言一语、一举一动让我心生反感，但我也不排除他也许有点来头，譬如说“你的问题会很快解决”，这可能是他的一个推理，也可能他真的听到一些风声。但我哪里来的五千欧元？说实在的，我这个人越来越相信命运。自从“四人帮”倒台，和家里人建立了书信往来，我完全自信我返家探亲是早晚的事。我在国内，除了假冒日本人逃到国外，没做过任何犯法的事。现在，我有点着急了。我真是想能把写《中国指南》这件大任务接下来，这可是真正的传播中国文化啊！虽然这个人相貌寒酸，但他的那句“你的问题会很快解决”让我很是触动。我当晚就给中国驻波恩大使馆去信询问，使馆领事部很快回了一封官样文章的短函。

关愚谦先生：

关于你回国探亲的问题，我们未收到有关方面的通知，恕不能办理。

领事部

1980 年 10 月 22 日

读完信，我的心彻底凉了。

42 我被批准回国啦

谁知，才过了没几天，又接到波恩中国大使馆的第二封来信。前一个礼拜刚刚判了我“死刑”，这封信会有什么好事？我已经不指望了，把信原封不动地随手丢在桌子上。晚上，珮春发现了那封信，就问我：“你为什么不打开看看？”“还会有什么好事？只会让我更加失望。”“那我替你打开，你同意吗？”我们从来互相尊敬，不拆对方的信件，这已成了习惯。我点点头。

“愚谦，大使馆同意让你回中国了！”她突然激动地大叫起来。“什么？”我一伸手把信夺了过来。同样的笔迹，同样一张巴掌大小的便笺，但是内容完全不同。如果说前封信是“死刑”审判书，那么这封信就像是“天堂”的通行证。

关先生：

近接国内有关方面通知，同意发给你去中国的签证。今寄上表格两张，请你和夫人填好后，连同护照寄来我馆办理手续。

领事部

1980 年 10 月 30 日

这封信我至少看了十几遍，几乎不敢相信它是真的。我坐在沙发上，一动也不动，一句话也没有，心里一片空白。足足有十几分钟，才发觉热泪正慢慢地布满我的脸颊。回祖国，我等了多少个春夏秋冬，等白了我的少年头！十三年了，终于等来了决定我命运的一张小纸条。珮春高兴得像个第一次远行的孩子，开始盘算起什么时候启程，带什么礼物给中国亲戚，并把这个好消息告诉了她的父母和姐姐。

汉堡大学中国语言文化系师生知道我在离开祖国十三年后，终于可以回去，纷纷向我表示祝贺。鬼使神差，就在这个时候，科尔·哈默尔出版社史魏克特总编辑从总部斯图加特市打来电话：“关博士，我明日去汉堡，可以到大学来拜访您吗？”“当然可以。欢迎您来！”我的情绪立即高涨起来。怎么那么巧，早不来，晚不来！“希望您到我家来做客，给您介绍我的妻子，顺便看看我的藏书。”“不！不！我们还是先在大学见面吧！我怎么找您呢？”“汉堡大学哲学大楼，谁都知道。您乘电梯上 7 楼，701 室。”

“为什么他一定要到大学来找我呢？”晚上我纳闷地问珮春。“大概他想证实一下，你是不是在大学教书。给这个出版社写指南的，我查了一下，几乎全是大学教授。”珮春说。第二天下午，科尔·哈默尔出版社总编辑史魏克特博士真的到大学来访了。正像珮春所说，他是来证实我自荐的情况是否属实的。进入我的办公室，他随便看了一看，只站了几分钟，就问：“您的家离大学远吗？”“不远，开车就几分钟。”“那太好了，我们走吧！”史魏克特总编对我们的家很满意，尤其是那么多有关中国的藏书。当我们告诉他，大学一放复活节春假，我们就要启程到中国去，他更是十分高兴。他要求我们在三个星期内，拉出《中国文化指南》写作大纲，然后就和我们签订合约。

他走后，珮春——这个一直表示怀疑的老婆——和我高兴得拥抱起来。“我决定辞去公司工作，专心写书，你认为怎么样？”珮春说。“行吗？你才上班不久。”“当然可以。我们只签了三个月的试用合同，现在正好快到期了。这个公司真没意思，天天就是打字，给老板做秘书，而且这个老板做事太乱，不知他想干什么。”“我同意。如果我们真接受了写这本书的任务，至少要写三年，你是执笔者，工作一定会很紧张的。”“好！就这样！等合同一签下来，我就辞职。”

我们整整忙了两个星期，到书店里买了许多本该出版社出的其他国家的《文化指南》，又到汉堡国家图书馆去找有关中国的资料，终于把提纲写出来了。没两天，出版社寄来了一式两份合同，史魏克特还写了一封非常客气的信，并说：“我们出版社决定补助你们去中国的旅费三千马克。”这简直是从天上掉下来的馅饼！我们俩人回国的往返机票和买礼物的花销，将是一个不小的数目，这笔补助款正是 1980 年圣诞节前雪中送炭的礼物啊！

43 多么可爱的德国一家子

为了写《中国文化指南》，珮春和我的关系更密切了，但同时也出现了小矛盾。珮春做事一向一丝不苟，是典型的德国人性格。而我有时还是马马虎虎，大大咧咧的。比如，有一天，她问我：“北京天安门城楼前的人民英雄纪念碑，围绕它共有八个浮雕。最后一个是解放军渡长江。一个解放军在船上持枪向前进，他手里拿的是什么枪？卡宾枪还是冲锋枪？”“管它是什么枪呢！随便写个枪就行了。”我说。“那不行，我们德文没有随便什么枪的概念，要写得清楚。”她说。“那你说怎么办呢？还要请人到天安门的纪念碑前去看看？”真没想到，她专门为此写了一封信给我在北京的外甥小峰，让他到天安门前去看个究竟。小峰也真就特地跑到天安门，拍了一张照片寄过来。珮春再请懂兵器的朋友弄清楚是什么枪，才在书稿上落了笔。这时我才真正懂得，为什么德国生产的机器都那么经久耐用了。真是一丝不苟。

枪的问题刚解决，又写到杭州灵隐寺大雄宝殿释迦牟尼雕像，她忽然发现，我们没有这个雕像高度的资料。我于是到几本中国资料书中去查，发现不同的资料写着三个不同的高度。我于是对珮春说：“那就随便挑其中一个吧！”她说：“不行，这是对读者不负责任。”我这下真的急了。这叫我怎么解决呢？总不能派人到杭州灵隐寺去丈量一下。我就说：“那就算了，不要写高度了。”“不行！这尊释迦牟尼雕像在全世界都是有名的，不写它的高度，读者就不会知道它有多么了不起！”我只好摇摇头，笑她迂。她看我不配合她的工作，就噘着嘴，自己花了几天工夫，跑到德国国家图书馆和汉堡大学汉学系图书馆去翻找，最后竟然在一本德国人写的回忆录里找到了。该作者在20世纪初，曾在灵隐寺做过三年和尚，在书中他也写了三个高度，一是佛座本身的高度，一是佛座加荷花座的高度，一是佛座加荷花座加台基的高度。与中国书里的三个数字恰好吻合。她满意地笑了。我被她完全折服了。

我们对写这本旅游指南非常重视，因为我们知道这本书的分量很重，关系到我们的将来。如果这本书能囊括中国的历史、地理、语言、文学、宗教、哲学、艺术、建筑和名胜古迹等诸多内容，成为一本查找资料的书，那么，它的影响会很大。尤其是这本书是写给德国读者看的，但它必须准确又精炼。

记得某天，我在珮春父母家，她的爸爸和她的姐夫在争论法国拿破仑于19世纪曾经与普鲁士王国发生过一次战争，某个战役的时间和地点双方意见不一致。于是珮春的父亲一句话也不说，离开饭桌，跑到二楼他的书房里拿来一本红皮的百科全书，里面有专门介绍法德战争史的那一段。他给大家朗读起来，全家都安静地听着。这种打破砂锅问到底的精神，真让我佩服得五体投地。

我们这本“指南”包罗万象，应该是中国“文革”之后最新的一本用德文介绍中国的书。如果我们写作时稍有差错，一旦报纸上登一篇批评文章，那我们的名声就砸了。因而，我们特别小心。

珮春这一家非常善良，当父母见到自己的小女儿成了作家，非常自豪，都想帮助她做点什么。于是珮春就把她的父母、姐姐都动员起来，分头阅读我们写的初稿。她的母亲与英国女王同名，也叫伊丽莎白，满肚子学问，被珮春分配负责审阅书中“中国历史”那一部分，看它的内容是否合乎逻辑，并帮助润饰文字，她特别高兴。她自己竟然还从当地图书馆借来了不少有关中国历史的参考书，堆满了一桌。我有一种感觉，她把她住的小城图书馆里有关中国的书都借出来了。她边看我们的初稿，边读中国史，边与历史资料核对，然后提出修改意见。最后发现，她已经成为一个中国通史小专家了。

姐姐更是书呆子。我估计，她这一生至少读过一百本以上的西方小说，我每提一本，她都看过。珮春分配给她负责检查书中的文学、戏剧那一部分。她白天在一个公司工作，晚上还加班审查我们的书，最后还兼任打字员的工作，真难为她了。

珮春的父亲是德国农业银行的总监，回到家也就是看书。珮春的父亲被分配审阅建筑艺术那一部分，这也是书中最难啃的一块骨头。关于中国的木建筑结构艺术，是很值得我们中国人骄傲的。什么房梁、斗拱、檐柱、雀替、飞椽，我自己先得把它们基本吃透，尤其是中国的宫殿、庙宇，为什么我们的工匠，不用一根钉子能使它们那么坚固，这个谜底是西方人最想知道的。

真是无巧不成书，就在此时，1980 年，中国建筑工业出版社出版了一本由刘敦桢教授主编的《中国古代建筑史》，写得非常详细。汉堡大学汉学系刚刚接到订货，就被我捷足先登借到手。我自己对这一方面，可以说知识极浅，珮春更是一窍不通。我就先开始攻读此书，提高自己。当我们写到北京四合院时，真恨不得到北京买它一套住进去。

“中国建筑艺术”这一部分写出来以后，我们先把底稿拿给珮春的父亲看，看他懂不懂，因为他的父亲在银行里也管过建筑投资。经过他的指点，的确精练、清楚得多了。珮春全家的共同参与和热情，让我感到这一家人特别的温暖，我有时间就给他们做一餐中国饭，什么红烧肉、四喜丸子、宫保鸡丁，珮春父亲最喜欢吃炸大虾，吃一份不够，还把妈妈那份偷偷拿过来吃，给我看见了，揭发他，引得全家大笑。我发现，这就是人生的幸福！

44 1983 年最佳书籍奖

这本书的第一部分“中国概况”篇，就花了我们一年多的时间，共二百页，将近二十几万字。第二部分是“中国名胜古迹”篇，这就更难了。这里要考虑到许多问题，原因是中国“文革”时期破坏了很多，这几年又恢复和新建了一些。中国地大物博，名胜古迹比比皆是，去中国的西方人不会只去几个地方。我们也知道，这样一本带有查考工具性质的著作，不能只写那些只暂时对外开放的地区。随着中国的发展，必定会增加更多的旅游参观点。但我们手头没有足够的资料，心里开始发慌了。觉得这本书如果出版会太单薄了。

就在我们束手无策的时候，1981 年上海辞书出版社出版了一部国家事务管理局主编的《中国名胜词典》，参加编辑的单位是全国各省市的文化、文物单位，编写人员就有五十人之多。我的叔伯哥哥关慎谦发现了这本书，当他把这本厚达 1200 页的精装著作寄到汉堡时，我们真的手舞足蹈起来。哪里去找这么全面的资料啊！简直就好像是为我们编写这本指南出版的。太感谢他了。我们当然不可能全部用它，但也节省了我们很多时间。真可谓雪中送炭，立刻把我们的难题给解决了！珮春高兴得模仿我的语调，鹦鹉学舌地说，“这就是命”。

写这本书，最辛苦的是珮春。我的任务是负责选材，初步翻译成德文。但我还要在大学上课，同时编辑《德中论坛》杂志，《中国文化指南》一书的主要编撰任务都落在珮春的肩上。她不但要消化、综合、取舍内容，还要用美丽的德文写出来。有许多专有名词，要绞尽脑汁，还要查找其他德文书籍。有些素材，就像我前面举的人民英雄纪念碑和释迦牟尼佛雕像的例子，参考书中没有，需要我们自己去填补。例如写到长城，我们就添加了“孟姜女哭长城”的故事，使这本书活跃起来。

那几年，我们的家已不像家，变成了一个书库，中外文资料散布在书架上、饭桌上、床上、地毯上。到最后定稿时，还要挑选插图，又是一项巨大的工程。为了写这本书，我们那几年几乎放弃了所有的业余时间，工作到凌晨两三点是常事。大概又是命吧！所有的草稿都写完了，最后把它们编成一本厚厚的《中国文化指南》，我们需要绝对的安静，不能再有任何外来打扰。

我的一个上年纪的学生克劳森夫人，她的先生是德国一个相当有地位的企业的负责人，听到我们在写书，就把他们在瑞士的避暑山庄提供给我们居住。那里山清水秀，恍如世外桃源。我们利用三个月的暑假时间，完成了《中国文化指南》一半的初稿写作。1983 年秋，当一本厚达 850 页、黑底红字精装本的德文版《中国文化指南》在全欧洲各书店出售时，我们内心的那种喜悦和幸福，简直难以用笔墨来形容。

起初，德国、奥地利和瑞士几大报刊用长文评论了我们的书，接着那里的中小报刊也开始介绍，好评不断传来。柏林《每周镜报》介绍我们一书的大字标题是“灿烂中华”，小标题是“一本精彩的、内容丰富、有文化有历史的经典著作”。斯图加特的《亚非拉文化科学箴言报》发表了德国科隆大学马丁·基姆教授用英文写的一篇评论文章，他赞同傅吾康教授在《中国文化指南》前言中所写的祝词，认为这本书已经远远超出了一般介绍一个国家概况的水平，已是一本可以长久留下来为人们不时翻阅、查找的经典著作了。

1984 年夏天，是“中国热”的旅行旺季，第一版已经售罄，科尔·哈默尔出版社总编高兴得合不拢嘴，连催我们准备出第二版。接着英文版《灿烂中华》（*Manificent China——A Guide to its Cultural Treasures*）在美国、英国、中国香港问世，意大利文版 *Sina* 也很快在罗马的书店里销售一空。1984 年 9 月 7 日，驻瑞士的“AWMM”（欧洲广告市场咨询研究会）授予此书为“1983 年最佳书籍奖”。

45 什么是最大的幸福

我和珮春做梦也没有想到,《中国文化指南》的影响力会那么大。这本书正好赶上德国经济一片欣欣向荣，旅游事业蓬勃发展，世界出现历史上从未有的和平景象，中国成了联邦德国新的旅游重点。我完全相信天时、地利、人和的说法。在欧洲媒体的宣传下，爱读书的日耳曼人纷纷到书店购买介绍中国的书，我们的《中国文化指南》在德国、奥地利和瑞士炙手可热，德国大小书店橱窗里陈列的新书中，都少不了《中国文化指南》。“Kuan（关）”已经成了一个标记，而不是人名了。那时候的我们感到，没有什么比这个更幸福了。我们忽然相信起“风水”——汉堡牛奶街 24 号的风水就是好。

亲爱的朋友们，什么是最大的幸福？人与人之间的感受都不一样。当我们在中国旅行时，常常见到西方旅行者手中拿着我们的《中国文化指南》，珮春和我就会会意地一笑，这对我们来说，是一种最大的幸福。记得 1985 年，珮春和我回国去西藏旅游，在海拔 5500 米山口上休息时，一部大旅行车停在我们车的后面。车门一开，大批德国人争先恐后气喘吁吁地跑来，让我们在他们的《中国文化指南》上签名，让我们惊讶不已。原来，该旅行团的中国导游认识我们，她在车上告诉她的团队,《中国文化指南》的两位作者就在前面的车上。我们的《中国文化指南》，这一团队几乎人手一册。其中一个人随口说一句“让他们签名”，于是全体响应。这发生在祖国青藏高原上的一幕让我终生难忘。如果我亲爱的母亲在天之灵能看到这一幕，也会骄傲的——“这个孩子我没白生啊”！

我们的中国陪同告诉我们，这本《中国文化指南》已经成为中国旅行社所有德语导游的随身物，他们有的已经可以背诵里面的一些常用德文词句。这些话，对珮春来说是最大的精神安慰和享受。1983 年出版的这本书，让我们在德国有了一些声望，只要中国来了国家代表团，我就会被请为宴会上的座上宾。两年前，中国作家代表团和德国作家代表在柏林中国文化中心举行座谈，我是主持人。忽然习近平同志（时任国家副主席）来了，中国作协主席铁凝女士把我介绍给他。我心里暗暗想，真没想到写作对一个人会有这么大的影响力。我这辈子连小组长都没当过，又是在特殊的背景下离开中国的，还能受到那么多国内朋友的厚待，既让我汗颜，也给了我一种心理安慰。当然，最让我珍惜的是，我们夫妻爱情的结晶成了一座小小的美丽而结实的彩桥，横跨在中国和西方文化之间。

第八章　成为香港、东南亚专栏作家

46 汉学系遇到了一个“刁妇”

写文章，要占去我做研究和备课的时间，这是一个矛盾。我在大学授课，本来下决心在我拿到博士学位、写完那本《中国文化指南》后，集中精力在比较文学课题上写几本书。在这方面可研究的课题太多了，从东西方文学中，可以找出东西方文化和语言的特点，东西方的哲学观、宗教观，东西方民族的特性、风俗习惯、对待生活的差异、看世界的不同角度、东西方作者的写作风格，等等。如果展开研究，几辈子也研究不完。

单单从作家、诗人描写人物和爱情的手法来看，曹雪芹描写贾宝玉和林黛玉、托尔斯泰描写安娜·卡列尼娜、莎士比亚描写罗密欧和朱丽叶，等等诸多东西方文豪进行比较，就可写出几部大著来。最让我着迷的是学生的那种执着，我只向学生举出几个活生生的例子来，他们就能从中发现中国人和西方人在思维逻辑和思维方法、对待人生和道德、对待人和人的关系，尤其在对待爱情和两性的关系上有多么的不同，大家总是讨论得非常热闹。有男生在发言中说些俏皮话，引得全场大笑。

1973 年，我去美国拜访了好几所名校，如哈佛、耶鲁、哥伦比亚、斯坦福、伯克利等，他们的公开课对我很有启发。于是我也采取了新的教学方法，不是光自己说教，而是一个小时讲学、另一个小时让学生发言讨论，每堂课都点两三个学生的名，要他们做重点发言。事先我选定下一课的讨论题目，如描写天气、回忆历史、叙述爱情，让他们去找些不同作家的写作方法，做有准备的发言。

我这每周两小时的“比较文学”课，先是在大学哲学大楼的 701 小教室里上课，后来挤不下了，我就把这堂课转移到中国语言文化系可容纳三十多人的大教室去。没想到这门课那么受欢迎，哲学大楼里德国文学系、英语系、法语系、拉丁语系、斯拉夫语系的学生也来旁听了。教室又太小了。一个脑子灵活、在大学学生会里做干事的法语系女生，竟然为我弄到了哲学大楼底楼大厅可坐百十人的大课堂去上课。

汉堡大学在欧洲颇负盛名，汉堡又是个优美的城市，学生主要是德国人，也有来自法国、英国、荷兰、比利时的，还有美国、日本、马来西亚、泰国、中国香港等地的学生。每次我上完课，总有不少学生围着我聊天、提问题。为了刺激他们发表意见，展开辩论，我完全放下架子，和大家打成一片。有时讨论得非常热烈，笑声不断。某次，我们讨论法国名作家巴尔扎克的作品，我专门请一位法国来的挺爱在教室说笑的男孩子弗朗索瓦做重点发言。他的德语水平不是很高，但他是那么诙谐有趣，用动作来形容爱情，拥抱起旁边的女学生，引得全堂大笑。

不要以为只有中国人会嫉妒，德国人妒忌起来会置你于死地。在我们系，有位父母在中国做过生意、出生在上海的德国女老师，名叫优塔，会说些中国话。她长得肥头大耳，外表很不受人喜欢。据说，她先是学医，拿了博士学位后行医，某夜街头发生一场交通事故，她正在附近医院值夜班。抢救时，由于紧张，打错了针，几乎造成人命事故。她的医生执照被吊销了，她改学了汉学。由于她已有大学文凭，又会说些中文，就免了她的基础课，直接上研究生班。

20 世纪 60 年代，汉堡大学的中国语言文化系学生很少，她竟然在汉堡大学弄到了一个助教的位子。我们系的两位主任傅吾康和刘茂才教授都对她的古怪性格难以接受，和她保持距离，希望她早日完成论文后拿到博士学位，离开本校。谁知道，她的家庭在汉堡上流社会有一定的地位，市政府有两个机动教授名额，无须大学人事部门任命，就可开后门留在本校，她竟然在我们系留了下来。从此，我们系就一直没有安宁过。她又是系里唯一的女性，好哭告恶状，不了解情况的校方曾误以为我们系轻视女性，搞得谁也不敢得罪她。傅吾康老教授退休后，写了一本汉堡大学回忆录，用“刁妇”这名词来影射她。

在德国，如果你有一个博士头衔就会受到社会的尊敬，在你所有证书上的名字前面都加上 Dr.（博士）两个字。更何况她有一个 Prof. Dr. 的头衔。我初来乍到中国语言文化系教中文，不懂得德国规矩：一个没有博士头衔的老师遇见有头衔的人，在称呼上就应该加上“博士”两个字。某天早上，我见到她，尊敬地说了一声“早安，太太”，她忽然很大声地对我说，我的名字是“优塔教授博士太太（Frau Professor Dr.）”，说完扭过头生气地走了。从那时起，见到她走过来，我就像看见鬼神一样躲得远远的。她的业务知识非常差，黑板上写汉字不是少一点就是多一撇，连学生都笑她。她上中国地理课，一直用她那二十年前用过的教材，从未更新。某月，她因病请假，我去代了几堂课，学生们才发现，中国的铁路、公路线比过去加长了许多倍，她用的还是十多年前的旧教材。很多知识上的错误，学生们向她提出了批评，于是，我成了她的眼中钉。

我们汉堡大学过去有个东方学部，学部下面又有很多系，有中、日、印、泰系，还有非洲的两个系。有意思的是，各系的教授都不愿担任学部主任。因为行政事务繁重，还要到校本部去开会，占去很多做学问的时间，大家纷纷互相谦让。偏偏这位 Frau Professor Dr. 太太毛遂自荐，很快就当上了东方学部主任。她开始给我们中国语言文化系的同事穿小鞋、制造困难，把两位系主任气得咬牙切齿，但又哑巴吃黄连，有苦说不出。一位台湾来的女讲师郑老师，人特别善良，但是这位“刁妇”就是不喜欢她，不给她延聘。另外一位德国助教，由于不买她的账，她也是想尽办法在学部会议上贬低他，但被傅吾康和刘教授保护下来。

某天，东方学部的秘书打电话找我，说主任要见我。原来这位“刁妇”听说，讲师关愚谦上课很受欢迎，未得到学部批准，竟搬到底楼大课堂授课。她当面批评我，说我上课时不严肃，造成学生喧哗大笑。听到此言，我极为生气，她无权干涉我的教学，何况她并不了解内情。我当即回答说：关于此事请您拿到系里开会讨论吧！说完就离开了东方学部办公室。心里窝着一股气，本想我开这一门课，受到学生如此欢迎，应该受到表扬才是。而且，学生们的确可以从比较文学这堂课中学到很多东西。岂止是他们，就是我自己也学到了很多东西。东方人和西方人就是不一样，课堂里来自泰国、马来西亚、日本的亚洲学生，都比较安静、收敛，不像法国、美国学生那么张扬。有一个从以色列来的犹太学生，表现又完全不一样。太有意思了！

回到系里，我当即把此事向刘茂才教授说了，他听了生气地说，不要理她，也别怕她，你已有终身职，除非你犯法，谁也不能拿你怎样。我也听到你那门课一两个学生的反应，都认为方法很新颖，很满意，其中一位还是我们系学生会的代表，下周她也会来参加系会，看这位“刁妇”在下周会上如何反映，说不定她会碰一鼻子灰。

谁知系会上，“刁妇”并未敢提及此事。但是，和她相处久了，知道她为人刁钻，不会就此罢休。果然，半年以后，她以东方学部主任的名义在公布栏上贴了一张告示，凡是东方学部的讲师无资格给学生考试。这是什么意思，明明是冲着我来的。

汉堡大学中国语言文学系，又叫汉学系。1907 年刚成立汉学系时，只有两个学生，主要研究古代汉学。靠查字典认识一些汉字，读一些古文，摇身一变成为汉学家，把书合上什么都忘了。这个习俗一直这么延续下来，加上中国内外战争频仍，整个西方研究中国，基本上还是以古汉学为主。直到二战后的 20 世纪 50 年代，随着大中华地区的世界影响力逐渐加大，欧洲一些国家才逐渐兴起学习现代中国学的风潮。

从美国大学取经回来，我建议，汉堡大学应该在德国起带头作用，重视现代汉语教学，了解近代、现代史，增加现代文学教学。我说服了傅吾康和刘茂才两位主任教授。傅吾康教授虽是德国人，但从小在中国长大，父亲是有名的汉学家，清朝末年在北京还当过官，傅教授说的普通话，可以气死广东、福建、上海人。刘茂才则是东北沈阳人，在国内就受过良好的教育，来到德国拿到硕士和博士学位后，傅教授就把刘茂才也请过来当副主任。高级讲师赵荣琅先生则是北京出生，南京中央大学汉学系毕业的高才生。这样人才济济的汉学系，在欧洲哪里去找？汉堡大学汉学系是 2014 年由傅吾康教授的父亲奥托·福兰阁老教授成立的，他本人在清朝担任了 13 年外交官，接着又受聘在清政府驻柏林公使馆担任秘书 4 年，可知他是多么“之乎者也”了。

去了趟美国我发现，美国名牌大学的汉学系每学期都有期中、期末口试和笔试，逼着学生好好学。相比美国大学，我意识到，系里没有一个健全的考试制度，也没有交作业的习惯。只要学生来听课，凑到足够的上课老师开的听课证明书，混上几年，就可以考硕士和博士。有的博士生连一篇中文报纸文章都读不下来。

我是中国的“造反派”，看不惯汉堡大学的保守，把美国耶鲁大学的考试制度提到系会上。两位主任教授都认为合理，学生代表也支持，唯“刁妇”不同意，最后通过不记名投票，我的建议表决通过了。自此，我把我的教学重点由汉学教学发展到文学和比较文学上，增加了《红楼梦》《西厢记》和现代文学的选课。

经过这番教学改革，学生们的质量显著提高，汉堡大学的中国语言和文化系在欧洲的学术地位也很快提高了。报名来汉堡学“中国学”

的学生来自全世界，由几十名学生增加到三四百，大学不得不限额招生了。接着，我主动把学完四年级的学生，介绍到中国大陆和台湾去深造。由于他们的水平较高，只要说是汉堡来的，中国大陆和台湾的大学都很欢迎，传为佳话，傅、刘二教授都脸上有光。我是小辈，听后也很受鼓舞，更愿把全部的精力都放在中文系上。

好景不长，傅吾康和刘茂才教授先后告老退休，新来接任的教授司徒汉（Prof. Dr. Hans Stmpfeld）还不熟悉汉堡中文系的情况，这个“刁妇”反倒成为系里的老人了。她一手遮天，现在使出这么一招“讲师没有资格给学生们考试”，这明明是针对我的报复行动。

我们东方学部各系的老师，分教授、讲师和助教三类。教授兼行政领导工作，助教则是读完博士的高才生，留校工作一段时间，以后申请其他大学空出来的教授位子。但不能留任本校当教授，以防一个人这一生都捆绑在一所学校，会出现贿赂、腐败、任人唯亲等现象。讲师主要是在西方国家的文化报纸和大学杂志上招聘请来的外国学者，没有行政职责。

“讲师没有资格主考学生”公告贴出来之后，本以为会遭到大学同事和学生们的公开反对，但是它贴在告示牌上一个学期，没有任何反应。我开始醒悟了，你关愚谦不要那么傻了，为了汉堡大学中国语言文化系，你花了那么多脑筋和心思，把全系的学生拢到一起。现在，傅、刘教授都已退休，那些支持你的老学生一批批都毕业了，你还折腾什么？

47 邂逅香港《信报》总编沈鉴治

在德国汉堡住长了，我开始觉得不舒服。主要是阴雨天不断，晚饭后，除了市中心还有点人气外，全城死气沉沉，好吃的中国饭店凤毛麟角。到亚洲旅行，除了上海朋友多、饭店多外，我想到的地方还有香港，她的诱惑力不小。那里不但报纸杂志多，还什么样的饭店都有。不过，最开始我对香港挺烦的。香港人普遍有股莫名其妙的傲气，连汽车司机都是如此，商店欺负外来人，搞不好还损你一下，说你是内地来的“表叔”。我后来才懂得，这里说的“表叔”是贬义词，是指穷亲戚到阔人家来混饭吃的意思。后来，内地经济好起来了，来的旅客多起来了，许多香港人的心态又不平衡起来。一个内地母亲让婴孩在马路上拉屎，结果香港人就说全体内地人都这么不文明。有的内地人来到香港买房，到商店购物乱花钱，也引起港人大怒，说物价都是内地人抬高的。还说什么现在的贫富差距拉大，也是内地人抢房的结果。我觉得这种逻辑真让人觉得不可思议。

记得香港房价飙升发生在回归以前的 70 年代，当时我想在香港 Discovery Bay 买一套公寓房子，回到德国几个月后再来，房价上涨了一倍。过去香港是内地人羡慕的对象，现在没有那么被人向往，心态开始不平衡了。什么占中、罢课、不民主，都是心中在作怪。难道，香港人比内地人高一等才是正常的？香港在 20 世纪六七十年代的富有是因为中国内地当时被西方国家孤立，唯一可以进出口自由贸易的地方是香港，所以这里商业才那么旺盛。现在，中国市场到处开放，香港不是佼佼者了，所以气不打一处来，有人甚至希望香港再回到英国殖民时代。这完全可以理解，他们都是当时的既得利益者，就好像 80 年代和 90 年代内地一些国营企业领导，大发洋财，恨死现在的“老虎苍蝇一起打”的反腐败政策。

不过，那个时候几次来香港，我也受到了香港同胞自由自在的影响，朋友多了起来，广东话也不那么逆耳了。最过瘾的就是看报纸，自由自在，什么样的观点都有。不过点名直接骂英政府和伊丽莎白女王的倒是没有读到过。某次，在一个友人家中做客，一位在港某大公司做公关的女士对我说："看香港《信报》的'林行止专栏'有时会中魔的。现在我每天不看它，总好像缺点什么。"给她这么一说，我也开始每天买起《信报》来了。

1986年的夏天，我又来到香港。一天晚上，在香港的一个亲戚家中做客，席上坐着一位仪表堂堂的文化人，说话铿锵有力，严肃里带幽默，笑语中含哲理。正对他望而生畏时，他忽然对我说："关先生，在报章杂志中读过先生大作，可否也为我报撰写几篇，不知意下如何？"我眼巴巴地看着他，不知说什么好。他才发现，我不知道他为何许人也，亲戚也未介绍。于是他拿出了名片，双手递给我。哇！《信报》总编辑沈鉴治，竟然是他。

自从我为汉堡亚洲研究所写的《中国"文化大革命"目睹记》书稿被台湾"国际关系研究所"盗版以后，我非常生气。心灰意懒，就很少提笔了。这位报社总编亲自约稿，又把我的兴趣提了起来。"真的？写哪一方面的？什么时候要？""内容不拘，越早写越好。""好吧！我试试看！"

为了不辜负沈总编的厚爱，我当时就在香港一连涂了两篇。我过去写过几篇文章，曾投到香港报社，不是石沉大海，就是隔很久才发表。谁知这两篇文章，当天寄出，次日见报，大大激发了我的写作热情。我这臭笔头，还真有可读性！我高兴极了。由港返德，兴奋非常，因为找到了一个可以信托的园地。于是，按照我和沈鉴治先生订的君子协定，每月一篇，尽量多报道欧人欧事。

48 成为受欢迎的专栏作家

老婆珮春一年前就劝我不要太多关心系里的事，现在，国际上出现了一个戈尔巴乔夫，把苏联这个国家折腾得天翻地覆，多么有意思啊！我一直对珮春说，我那么喜欢研究国际形势，完全出于自己的兴趣。我把世界看作一个大舞台，各国的政治领袖都是演员，我是看戏的人，然后对他们进行评头品足，多有意思。

命运就是这么主宰一个人的。就在我下决心不再关心系里的事，好好教我的书就行了之时，《信报》上有了自己的专栏，接着，苏联又冒出来一个鼻子高高、头发稀少、和颜善目的新总书记戈尔巴乔夫。接班不几个月，就开始呼风唤雨，提出改革和透明度，在共产党世界掀起巨浪，令人瞠目结舌。他于 1987 年 1 月 27 日在苏共中央全会做了一次划时代的政治谈话，谈到社会生活的变革，对外自由开放，刺激经济发展，公开批评党内的阴暗面，提出向贪污开战，给予人民自决权，等等。

戈尔巴乔夫不但口说，而且从政治上、经济上以至人权上采取一系列与过去的总书记勃列日涅夫完全背道而驰的政策。如：1987 年 2 月 10 日苏联宣布不再进行核试验，虽然 2 月 3 日美国违约又进行了新的核试验；他释放持不同政见者萨哈罗夫等人出狱；在西伯利亚科默罗窝州选举区党委书记，采取自由投票的新制度；他在经济上宣布开放，鼓励竞争，企业领导人由选举产生；舆论自由，允许禁书《日瓦戈医生》在苏联出版。如此等等。

沈总编鉴治兄打电话来了，要我密切注意苏联形势的发展，一个劲地催稿，由一月一篇，一月两篇，直到每周一篇。这简直太刺激了。我本来就是学俄文的，对苏联过去的社会情况并不陌生。过去我投稿给香港《大公报》《文汇报》，对方收到否，不知道；登不登我的稿，不知道；登了我的稿，却未拿到过一分稿费。现在，竟然有总编亲自来催我写稿，不但特别尊重，且稿费从优，从来用不着你自己去追问稿费，这不是太阳从西边出来了吗？我开始“卖命”了。

苏联保守派向戈尔巴乔夫大举反攻，苏联改革派大胜反对派，苏联发生工潮，等等。形势一天一个变化，有时迅雷不及掩耳。国际形势发展得那么快，沈老总的传真更如雪片传来。有几次，要我当天抓一个要闻，留下版面，限我当晚交稿。我们汉堡家银河街路口，有个卖世界各国报纸的报摊，也有俄文报刊。我于是一天买几份各国的报纸来读，了解苏联的新动态，密切注意东西欧对苏联戈尔巴乔夫新政策的反应。

没想到，戈尔巴乔夫一不做二不休，一连推出新政策，把那些苏共保守派急得嗷嗷直叫，老百姓也坐不住了。苏共党内的斗争，引起了国际上共产党之间和党内的分裂。苏美关系、苏欧关系开始有了变化，戈尔巴乔夫推出的《改革与新思维》一书，基本上已经可以看出，戈尔巴乔夫准备破釜沉舟，下决心和保守派决裂了。

没想到，当我跳出自己所处的环境，尽量客观地观察世界之后，我发现，这个大千世界和国际大舞台竟会如此生动，如此有意思。许多变化也和各国自身的文化、民族的特性有关。我看得如醉如痴，写得废寝忘食。人活着，就是为了争一口气，我想。人家既然看得起你，你也得对得起人家。有时，写得兴起，买张机票，腾云驾雾去莫斯科、圣彼得堡、华沙、索非亚、布加勒斯特抓新闻。

49 为自己确定了写作风格

车到山前必有路，船到桥头自然直。我在大学教书，按理，路应该越走越宽，结果反而越走越窄。怎么办？现在既然有机会重拾旧业，恢复我的记者生涯，不如就此改弦易辙吧！从那以后，虽然我的经济来源主要还是靠大学的收入，但在我内心深处，已经把大学教书当作副业，著书立说、办杂志反而成为主业了。我的文章开始在其他报纸上转载。首先是国内的一些报刊，后来，我从沈鉴治老总那里知道，新加坡《联合早报》经常转载我的文章，我于是和该报正式搭上关系。

真没想到，报纸的作用那么大！1988 年夏，我在香港访问我的一个做记者的美国朋友丹尼斯·菲立普，在他的公寓电梯里，遇到了他的一个香港邻居，他于是把我介绍给对方说："这是我过去的老师，现住在德国汉堡的关先生。"他刚说完，对方立刻问："是不是关愚谦先生？"这句话把丹尼斯吓了一跳，问："你怎么知道？"对方说："因为他的文章我每篇必读。"听到这话，我心里暖洋洋的。写文章的目的就是让人读的，这说明我的文章还有读者。

丹尼斯高兴极了。当天中午，他带我到新闻俱乐部去吃饭，见到一批香港记者围着一个大圆桌子坐在一起。丹尼斯是个善于交际的人，谁都认识他。他把我拉过去说："请允许我向你们介绍一个从汉堡来的名记者……"话音未落，其中一个插话说："关……"另一个接着说："关愚谦。"我点了点头，大家都站起来和我握手，几乎每个人都读过我对苏联的报道。丹尼斯后来对我说："我没想到你这么出名！""我也没有想到。"我说。

我早就想到新加坡去转转了，那里有我们的好友陈罗玲，西名Sophia，还有翟嘉慧，西名安娜。她们是从香港搬到新加坡去的。现在，《联合早报》为我辟了专栏，更增加了我对新加坡的兴趣，我于是写信给当时的总编，表达了我想拜访新加坡的愿望。他很快来信表示欢迎，并愿意为我组织一场关于国际形势的报告会，重点是苏联问题。

做报告对我来说并不难。在大学工作了那么多年，我已经可以用德文演讲，何况用中文呢！难就难在讲国际形势和写国际形势不一样。写文章，你可以翻材料，听广播，用一天、两天、三天时间慢慢写，也用不着面向读者。做报告你要面向听众，听众即兴向你提问题，你能不能立刻回答得出来？你的报告能不能引起听众的兴趣？我有点发怵。

再一想，人都是被逼出来的，唐朝李白就说过“大丈夫必有四方之志”(《上安州裴长史书》)。他还写道：“安得倚天剑，跨海斩长鲸。”(《临江王节士歌》) 我人在欧洲，现被邀请跨海去南洋，这机会太难得了。只要好好准备，还怕回答不出来？而且，即使回答不出来，又怕什么。知之为知之，不知为不知，是知也。

在新加坡《联合早报》内部开了一个小型座谈会，过了第一关，结交了不少老编老记，吃了颗定心丸，接着在《早报》大礼堂做了一个大型报告。记得年轻时在大学，外交部的陈家康、宦乡、乔冠华、伍修权都来给我们做过国际形势报告，口才一个比一个好。他们的特点是风趣、幽默，讲话中总掺一点笑料，可以提神，也可以帮助记忆。我于是在准备时，也想方设法用最简单、通俗、风趣的语言来分析严肃的国际形势，多举实例，少讲干巴巴的理论。果然效果不错。

当天的礼堂坐得满满的，《联合早报》总编说：“今天的与会者，绝大部分都是你文章的读者，慕名而来。”因读了我的文章来了这么多人，这种鼓励比什么都强，对我来说也是第一次，我觉得他们分外可爱。提问的人非常踊跃，有两个女孩子说一口普通话，问题提得很尖锐，也有深度，一听就知是从中国大陆出来的。我在国外待久了，接触过各式各样的华人，总的感觉，大陆出来的人更关心国际形势。

第一次报告成功了，以后每隔一个时期，我就被《联合早报》邀请来谈一次。听众越来越踊跃，我已经逐渐成为“老报人”了。1998年，庆祝《联合早报》建报75周年，我又被邀请谈欧洲形势。

可容纳近千人的《联合早报》新大礼堂座无虚席，来晚的人，不得不站在后面的墙边。给《联合早报》写了十几年的稿，还一直那么受欢迎，心里乐滋滋的。我还记得某次报告会上，一位听众给我出了一个难题，问道：“请问关先生，什么是社会主义？什么是共产主义？什么是资本主义？什么是封建主义？什么是无政府主义？什么是主观主义？什么是唯物主义？什么是唯心主义？”他一连说了那么多主义，明明是将我的军，让我怎么回答呢？我灵机一动，回答说：“我比较拥护胡适之说过的一句话，‘让我们多读点书，少谈点主义’。”逗得大家都笑了起来。

50 在欧洲收集写作资料

我第二次被邀请来新加坡做演讲之后，安娜陪我们夫妻二人从星城到马来西亚玩了几天。到了交界地，我们下车坐在一个露天小卖部休息，偶然发现报架上有卖马来西亚的《星洲日报》和《南洋商报》，我随手各买了一份。打开《星洲日报》一看，竟然看见我在香港《信报》上刚发表的文章。又有一份报纸采用我的文章，我一方面很高兴，另一方面，我对珮春和安娜说："没有作者同意，使用他人文章，该当何罪？"

一到马六甲旅馆，我拿起电话打给吉隆坡的《星洲日报》社，准备"大兴问罪之师"。谁知对方的主编江惜如女士，一听电话知道是我，还没有等我发牢骚，就一再道歉，还邀我到报社去做客。我这个人，吃软不吃硬，她三言两语，在电话上我们就成了朋友，从此，该报也给我开设了《德国来鸿》专栏。

在欧洲，报社转载其他报纸的稿子是不允许的，必须征求对方同意才行，在亚洲好像并不那么严重。《信报》的评论文章在亚洲被转载得满天飞，我的稿子不但《联合早报》《星洲日报》采用，泰国的、菲律宾的、中国大陆的、台湾的都用过。作为一个撰稿人来说，当然是文章看的人越多越满意，但我对某些报纸的摘录不太满意，有的时候断章取义，把一个完整的意思拦腰砍断。但也无形中给自己增强了信心。从那以后，只要有时间，我就和珮春驾起我们那部开了十几年的白色奔驰跑车，飞驰在欧洲的大地上，写出了一篇又一篇的报道。匈牙利、捷克、东德、罗马尼亚、斯洛文尼亚、克罗地亚、南斯拉夫，几乎都被我们跑遍了。

51 三百年以后，全世界都将用筷子吃饭

我这辈子，换了不少职业，做翻译、当农民、打鱼、放牧、做编辑、搞公关，当了几十年的教书匠，最后不务正业，当上了专栏作家。所谓专栏作家，实际上就是走上了记者生涯。新加坡一位姓张的女记者采访我，问我怎么打出江山的？我哈哈大笑起来，说：“这是歪打正着。如果没有《信报》林山木社长和沈鉴治总编的支持，我未必有现在。”“但是也要靠你自己的努力啊！”她说。“对。在欧洲，我能写出这么多文章，是好多条件凑成的。第一，我人在欧洲，这是最重要的条件；第二，我从小喜欢玩笔杆，手头较勤快；第三，我不指着它过活，无约无束；第四，在大学教课，有大把的时间；第五，走到哪儿，基本上不用签证；第六，最好能说多种语言。这些条件缺一不可。”

到底用什么风格写文章呢？一种是时评体，一种是新闻体，另一种是自叙体。时评体严肃认真，新闻体平铺直叙，自叙体活泼通俗。沈总编要我自定。最后我选定了综合体，也就是“四不像”。一开头轻松些，吸引读者的兴趣，然后突出新闻内容，最后加上自己的观点。文章从头到尾永远是第一人称，目的是告诉读者，这只是我个人的观点而已，如果你不同意，可以写你的意见。因而，写了那么多年，未树起对立面。

此外，我不希望只用自己的观点来阐述对国际形势的看法，我于是常常主动找些朋友来家做客，开始有意识地接触一些平时我不会和他们做朋友但对国际问题颇有见地的西方学界、经济界以至政界和新闻界人士。在汉堡，我和老婆能烧一手中国菜，还十分好客，我们这样的人哪里去找？我以此为钓饵，客人都是有请必到。我开始发现，通过和他们交往，给报社写文章，我的眼界开阔了，触觉敏锐了。我发现，东西方人由于处境不同，时代背景不同，观察世界的方法和立场竟会有那么大的差异！

例如，欧洲人进入美国大陆，杀了那么多印第安人；英国人占领澳大利亚，几乎把当地土著灭种，甚至至今还在迫害他们。西方国家把亚

非国家当作自己的殖民地，多数西方人都觉得是很自然的事情，而且都是过去的历史。回顾这些历史，他们不觉得内疚或脸红，甚至还有些炫耀。可是，对待西藏问题，明明是英国眼红这块丰饶的土地，要把西藏从中国分裂出去，他们却打着“人权”的旗号，不顾以往的历史，硬说中国霸占了西藏。即使你跟他们再摆事实、讲道理、谈历史，大多数我接触的欧洲人是根本不听你的，他们永远是先入为主。

德国有不少人，尤其是男的，好为人师者居多，我深有体会。在大学里教书，有的同事连中国都没去过，斗大的汉字没掌握多少，反过来，他还会开导你，说你不了解中国历史，还是教教语言吧！真让你哭笑不得。不但德国人，英国人、法国人、意大利人，连波兰人、捷克人都如此，白人的民族优越感特别强烈。在欧洲住得越久，我对他们了解得越深。当然也有例外。某次，我对一个德国人开玩笑说：“要让你们改变对中国人的看法，我看，你们西方人，都得像我的妻子珮春那样，找一个中国老伴儿，吃中国饭，用中国筷子，看中国书，常去中国，会说中国话，学中国文化才行。”他笑着回答说：“不要着急，三百年以后，全世界都将用筷子吃饭。”“为什么？”我问。“很简单，中国有十三亿人口，三百年后至少二十亿。中国才开放几年，和外国人结婚的就不计其数，不管男方或女方是中国人，都会用筷子吃饭。中国再这么开放下去，只要出来百分之一的中国人，就是一千三百万，三百年后，全世界还不都被中国同化了？”他说得一本正经，我则笑得直不起腰来。由此可见，西方人怕中国还是有道理的。

不过，自从2001年，美国纽约发生“9·11事件”，美国说伊拉克藏有大量杀伤性武器，阿富汗窝藏策划“9·11事件”的罪魁祸首本·拉登，美国和英国就用军队占领了伊拉克和阿富汗，两国的平民百姓深受其害。一些有头脑的西方人开始清醒了。到后来，西方国家越发不像话，支持阿拉伯国家的一派打另一派，提供军火，造成中东大乱。接着，德国、意大利、法国的反间谍组织发现，美国情报局偷听盟国的经济和政治情报，这下他们清醒了。美国的威信在欧洲国家开始下降。

但是，西方世界的价值观、宗教信仰、对待第三世界的态度基本上是一致的。例如，2014年在伊拉克和叙利亚出现了反西方的极端组织“伊斯兰国”（IS），手段相当猖狂。由西方国家组成的北约军事集团又开始联合起来。

第九章　德国老总理把我当作好朋友

52 世界上我最佩服的政治家

自从到德国以后，我最佩服的政治家就是施密特老总理。他不但面相好，作风大气，而且为人正派。他和他的妻子洛基（Loki）在他们两小无猜时就是一对，一直到双双辞世。

施密特先生生于 1918 年，1953 年进入联邦议会，1969—1974 年曾担任多个联邦部长，1974—1982 年担任德国总理。此后，他成为德国著名的“时代出版社”的出版人，发表了多本评论当前世界政治和经济的书籍，其中最畅销的书有《西方应有的策略》(1984)、《人和权利》(1987)、《德国及其邻国》(1990)、《过气的人物》(1996)，等等。任总理期间，他不遗余力地加强和法国的友好关系，是欧盟的奠基人之一，不少西方学界人士公认他不仅是一个杰出的政治家，也是一个思想家。

施密特总理是汉堡人，他 60 年代做汉堡州内务部长时，汉堡市发生大水灾，形势险峻，短短几天时间，他用一般人想不出的办法，走出险境，被当时的社会民主党领袖勃兰特看中，自此他青云直上，直到坐上总理宝座。

53 1997年，第一次采访施密特

得知施密特总理同意和我谈谈当前国际形势，我喜出望外，未敢在加拿大久留，匆匆赶回汉堡。堂堂德国大总理，衣锦荣归故里之后，每天到底干些什么呢？

1997年4月14日，我在汉堡采访了德国前总理施密特。走进他的办公室，我就被他书架上的藏书惊呆了。问题不在于他藏书的多少，而是在他书架上各种文版的书籍中，新书占了很大的比例，说明他紧紧跟随着时代的步伐。

“关先生，我们用英文交谈还是德文？”当我进入他的办公室，他站起来用英文问我。

“随便，您愿意用什么语言谈？”我问。

“我也随便，对我来说都一样。”

“那还是用德文吧，我在这里已经住了很多年了。”

“我到中国也去过很多次，但还没有学会中国话。”

“有个中国朋友对我说，您某次到中国去有些失望，因为中国方面没有很好地照顾您，是真的吗？”

“哪有此事，您再见到这个朋友，请您告诉他，这不是真的。”

“我来德国已经有些年了，但我的性格仍很中国，因而……”

“您肯定您没有被德国的社会气氛所腐化？”

“我想没有，我的妻子常常说我中国味太足。我的问题是，您对中国人的性格如何看？我常常听到一些亚洲朋友说，您有时在亚洲或在欧洲报纸上发表的言论，很容易让他们理解和接受，很受听，这是不是和您对亚洲人的性格有更多的了解有关？”

“这种话实际上是在反对我，如果没有批评的意见，说明我的话太软。”

“不！不！说明您比许多其他的政治家更了解中国人的性格。”

“比我更了解中国的问题和中国人性格的，那是李光耀。”

“李光耀也是华人啊！”

“他只是一半中国人，他先是学的英文，中文是他长大以后才学的。他保持着华人的性格，但英国教育对他的影响相当大，他的夫人也是在英国大学受教育的。他在政治上有着世界的经验。”

“就中国现在的改革趋势，您怎么看中国的发展前途，尤其是进入21世纪以后？”

“关于这个问题，我去年秋天在北京做了一次重要的报告，您可以从这个报告中看到我的全部想法。”

“我一定把它译出来发表。”

“在21世纪，中国会面临不少问题，但是发展是乐观的。最严重的问题，中国自己也已经发现，即通货膨胀。中国现在已把通货膨胀从二位数压到一位数，这很好。另一个大问题是，中国内地缺乏应有的基本设施，如铁道、高速公路和电力供应。例如，在四川如果没有铁路、公路和电力、电话网线，怎么可能发展成一个工业省呢？这需要很多的钱和时间，这需要国家通过税收来拨款。另一个大问题是文字上的立法。中国需要外国的大力投资，而且越来越多，那么民法必须跟上，如企业法等。我想，在二十年内，中国在经济上，会超过经济强国日本。在三十年内，无论在进口或出口上，从整体来看，也会超过美国和欧盟。在这三十年内，中国会在世界的经济领域里，起着相对重要的作用。这并不等于说，中国人的生活水平会超过日本和美国。例如四川人的或新疆人的生活水平，在今后二十年，仍可能停留在发展中国家的水平上。但沿海地区和北京人的生活水平可能会赶上韩国，甚至超过韩国。当然韩国也会继续提高。问题是，沿海地区人民的生活水平和内地人的生活水平的差距，会是中国内部一个很大的问题。这也就是我前面所说的要加快建设基础设施，如公路、铁路、水电供应，这极为重要，以避免出现省与省之间的冲突。

“中国共产党在邓小平时代暴露了三个方面的问题：一是参加长征的一代人多已辞世，他们的权威也自然而然地逝去，他们的保守主义思想也会跟着消失。二是马克思主义也会像云一样飘散，至今还没有取代它的。如果被一种民族骄傲思想所代替，将是很危险的。”

“您这里是不是指的民族主义？”

“也就是民族主义的危险，当一种思想、一种社会上的思想消逝的时候。三是，当马克思主义、共产主义逐渐消逝以后，我觉得，当前的共产党，孔夫子的思想会超过共产主义思想。”

“您这一说法，我有同感。我甚至有这样的感觉，到了21世纪，新儒家思想会统治中国。”

“在这点上我并不奇怪，而且不是坏事。”

“对全世界来说呢?”

“也不是坏事。西方世界傲慢地认为，中国必须学习西方民主，我不属于这一类的人。我认为，儒家思想，即使在中国改朝换代，有的朝代曾想去掉它，中共也一度否定它，但是它在中国这两千多年来，一直不断地渗透在人们的思想中，而且会留存下来。况且这一古老的、未曾中断过的文明总比在欧洲才出现的200年或250年的民主更有基础。中国已有3000年的文化历史，而相对年轻只有200年历史的所谓民主的北美和欧洲的政治文化，它们用不着以此来说明，自己比别人知道得多。不但对儒家文化应该这样，对印度教和伊斯兰教也应如此，伊斯兰教也有自己的传统和文化。我不属于这样一批到处宣传西方民主是如何理想的人，与此同时，我认为，中国也必然会自然地发展民主因素。随着日益发展的市场经济，中国企业家和他们的中层领导人也要公开表达自己的想法、意见、担忧和兴趣，他们已经这样做了，而且还会扩大。这也会发展到政治上的辩论。我认识的平民百姓很少，大多数是上层人物。我有这样的直觉，如果你走到中国马路上去问老百姓，你对当今政治改革的看法怎样，百分之九十八的人会这样回答，经济改革使我们现在的生活比十年前好多了，希望今后十年继续推行经济改革，使我们生活得更好，至于政治改革嘛，我们还有的是时间。我想这是一般人的想法，当然不是大学知识分子的想法，他们有另外一种意见。我认为，邓小平给中国带来的改变，是本世纪后五十年世界上最大的成就之一。”

“这是肯定的。”

“我不那么肯定。没有毛泽东、周恩来和孙逸仙这些人物的出现，也就不可能出现邓小平这样的人物，但我肯定他会是中国一个突出的人物。”

“您怎么看一些人谈到的所谓‘黄祸’，说中国到21世纪强大起来后，会威胁全世界?”

“‘黄祸’这一词，出自第一次世界大战前的威廉二世，一个聪明的煽动者。我后来从勃列日涅夫的嘴里听到过，那已经是半个多世纪以后了。至少在美国，但不是在欧洲，可以听到说中国今后会执行霸权政治。我本人认为，这几乎不可想象，在今后的中国领导人中会陷入军事冒险主义，唯一的一个例外是台湾。如果有一天，美国承认台湾为主权国家，并把台湾当作军事同盟国，那就会出现新的局势。不然，无论朝鲜半岛出现什么局势，钓鱼岛或中国南海出现什么新情况，或与越南、印度或中亚细亚国家与新疆发生什么冲突，我不认为中国会动用军事力量。”

“中国的儒家思想讲仁政，而不是诉诸武力的。如果像您所说，中国以后以儒治国，而儒家是以和为贵的。”

“中共现在的领导人，我不认为他们熟读孔孟之道。目前对儒家学说的继承，并不是反映在学校的教育之中，更多地表现在人与人之间的关系上。关于儒家的有关战争与和平的论说，人们并不想知道太多，而人与人之间的关系，政府应持有的态度和政府对百姓所采取的关系，在这方面，儒家的观念有着极深刻的烙印，以后也不可能有多大变化。在今后二三十年，那些在美国伯克利、斯坦福大学，加拿大温哥华读书的中国青年，读毕返国，带回来在那里学到的知识和所看到的一切，必会逐渐地影响中国。”

“有意思的是，不论到什么地方去的中国人，不论他在国外住多久，总是想到中国，想为中国做点什么。”

“是的，你们中国人很忠于母国，最明显不过的是台湾、香港、澳门的居民，东南亚的海外华人，以及北美的那些老华侨。他们爱祖国之情，非常强烈，把大批的钱投向祖国。目前中国的外来投资，大部分来自海外华侨，这说明他们对祖国的将来是有信心的，比我对中国的信任程度大得多。”

“您对香港的回归是怎么看的呢？您准备去香港参加大典吗？”

“至今没有人请我去。没有邀请我是不会去的。我认为香港回归之日并不是一件大事，恰恰是多年前的中英协议才是件大事。”

“如果有人请您去呢？”

“那又是另外一件事。总之，没有人邀请我，我是不会去的。”

“您又是如何看香港的将来呢？”

“我认为每一位中国的领导人都会重视香港的经济和财政正常的运

转，因为她将为以后的大陆和台湾统一起一个表率作用。也不知是谁提出的一国两制，实际上是针对台湾而制定的。现在先在香港实行，这将成为对台湾统一的一个样板。因而我认为，中国政府对香港回归所采取的措施会特别理智和小心。至于香港总督彭定康的那些夸张的做法，实际上是为了他以后的前途。英国多少代以来，对香港进行殖民统治，到了最后五分钟，要把英国的民主推向香港，这是一种装腔作势，他不会成为一个历史人物。”

54 施密特提醒中国要时刻防止社会矛盾激化

2006年9月7日，笔者有幸第三次与施密特总理会面。他慢条斯理、很谨慎地表示了几点看法。他说：中国目前的高速发展，必然会使一些西方国家敏感起来，这是很自然的。不要过多考虑西方国家一些人的看法，更多的还是应该注意本国的民众，防止社会矛盾的激化，尤其是党内的腐化问题；其次是中国外汇储备世界第一，没必要为此骄傲。这不见得是一个好现象。它只不过是一张纸、一个数字，等到美金大幅度下降的时候，损失会很惨重。20世纪七八十年代，我们德国经济也非常旺盛，但从来没有高额外汇储备。

当我问及，如何使外汇储备不再升高时，老总理表示：必须逐渐提高人民币汇率。目前人民币币值仍过低，升值的速度过慢。德国马克在80年代一再升值，并没有太多影响出口贸易。何况中国目前的出口产品少有国家可以竞争。中国可以好好研究一下当时联邦德国经济过热的处理办法。

谈到中国向国外投资时，施密特语重心长地说，中国向国外投资千万注意策略。花钱买汽油和天然气这无可厚非，但不要到处收购工厂、收购地皮和楼房。日本人在20世纪80年代之所以受西方国家的排斥，就因为到处乱投资，使人家害怕。中国应该把更多的钱投入到本国教育和文化领域的基本建设上去。

谈及中国的文化教育，施密特随即皱起眉头，有点着急地对我说，几年前他在中国，和一些年轻人谈话，他们竟对日本军国主义在南京的大屠杀历史一无所知，说明中国年轻人的文化素质有待提高，教育质量也有待提升。“文化大革命”影响了一两代人，现在中国有钱了，应该加强中小学校的教学力度，培养师资极为重要。

55 国家领导人必须懂经济

在谈到世界国家领导人的条件时，老总理认为领导人必须懂经济。在中国大陆转型时期，中国领导人在执行经济政策上出现某些偏差是很自然的，不能把它全部怪罪在某某人头上，很多事情是预料不到的。顾此失彼何尝不是常事？当然，也不能说经济专家就一定能把国家的经济搞上去，但是国家领导人懂经济、会选用经济人才也很重要。老总理很赞扬当前的中国国家银行行长周小川，说他很有经济头脑，把经济和人民币的关系处理得很好。

谈到中国和德国的关系，笔者问他，会否因默克尔夫人上台而改变中德的友好关系时，施密特说："不，中欧、中德的关系会友好地保持下去。问题是，目前的双方领导人对对方的情况都不够熟悉，应该加强联系。欧盟和德国从本地区和本国的利益出发，需要中国；中国从本国利益出发也需要欧盟和德国，某个个人不会改变大局。至于说万一国际形势一旦紧张，如美国布什因阿富汗、伊朗或台湾的局势与中国发生冲突，我认为，欧洲绝对不会参与进去，不会和中国建立联盟，但也不会支持对方来对付中国。欧洲头脑健康的人比起布什和另一些疯狂的美国人来说清醒得多，中国人也看得很清楚，健康的人是不会支持布什这种政策的。"

56 受人尊敬是一点点积累起来的

88 岁时，德国前总理，政治家、经济家、思想家施密特，在德国电视台第一套节目亮相，收视率打破纪录，又重新成为政治明星。德国《明镜周刊》这样介绍他："这位八十多岁的超级老人，只要一亮相，永远是人们的中心。不管他走到哪儿，不管人们同意不同意他对世界的看法，只要他一讲话，人们都会聚精会神地听。"这就是他的魅力。

老总理施密特是世界上少有的几个，离任以后还有如此大影响力的政治家。不但现任总理有时要听听他的意见，甚至在国际上，他的言论也是一言九鼎。他是美国基辛格、新加坡李光耀的好朋友，经常一起出现在一些重要的国际研讨会上。

他所以如此受人尊敬，因为他的脑子始终清清楚楚，不论在位当总理还是退位之后，他谈论起国际事务都头头是道，有条不紊，字里行间都闪烁着火花，是 20 世纪政治家里少有的。他最大的特点是善于思考，其次是他的人生经验。在他当总理期间，最难打交道的并不是反对党，反而是本党里的左派。他们批评施密特是资产阶级的代言人，违背了社会民主党的宗旨。但是最终，实践证明他是对的。他善于审时度势，20 世纪末叶的世界政治和经济形势和以前大大不同，必须制定新的政策来适应新的环境。可是那个时候，他身居总理职位，又是社民党主席，他要为本党争取下届大选的胜利，一定要深思熟虑，维护团结。

记得 1982 年，当时的外交部长根舍（自由民主党，跳槽到基督教民主党怀抱)，用议会多数不信任投票手法，逼施密特辞去总理职务。讲正义的西德人，纷纷为施密特打抱不平，我也特别气愤，并对德国的民主游戏打上问号。而当时的施密特，反而很冷静，尊重国家宪法，在反对党基督教民主联盟联邦主席科尔当选新总理后，他还在众目睽睽下，走上去和他握手祝贺。他的行为和气度，令我肃然起敬。

他鞠躬下台后一身轻松，一生的经验都升华成了宝贵的知识，看问题更睿智，加上他那永远正直、从不做两面派的性格，在德国赢得了人们的尊敬，有口皆碑。

笔者认为，施密特在如此高龄仍然受到德国国民从上到下的爱戴，一方面和他的经历、知识渊博有关，另一方面，不能否认，他连续不断发表的著作也起到了极大的作用。他的继任科尔总理下台后默默无闻，因为拿不出著作来。还有好几个前总统，退休后就告老还乡享清福，人们必然逐渐把他们忘怀。即使有的人也写东西，但擦不出火花也不起作用。施密特的著作永远是畅销书，永远会引起人们的强烈反响。就以施密特对中国的看法来说，他从来不跟在西方政客和媒体的后面人云亦云。他不怕别人的非议，一连出了两本有关中国的书，论述中国的兴起和强大是必然的历史发展规律，是早晚的事。他否定“中国威胁论”，肯定中国的传统文化，并认为中国古老的经典著作有朝一日会在世界上起重要的作用。他也直接向中国提出诚恳的建议，例如，“在向国外投资时，一定要注意，不要引起他国的敏感”。

57 21世纪，将会是最可怕的世纪

这位老总理，个子不太高，但是五官端正，相貌堂堂。他和发妻从认识到结婚已七十年，恩爱仍如胶似漆，在欧洲传为佳话。他曾亲口对我说过，两年多前他在中国访问，听说妻子洛基生病入院了，他心焦如火，连访问中国的心思都没了。施密特说，他1925年在中学认识了洛基，1935年第一次亲吻她，谁知道这一吻就订了终身，一起生活到现在。如果下辈子结婚，他仍愿娶他的洛基为妻。这些话是他在庆祝他们六十周年结婚纪念日时说的。

这对老夫妻的一大特点，就是两人都长寿。某次我到他们家访问时发现，施密特夫人烟卷一根接一根，两人都是老烟枪，老总理还外加鼻咽癌。但是，两位老人的头脑还像年轻人那样敏锐有活力。在美国，饭店里是不准抽烟的，当然对老总理是特殊对待的。他的心脏已经搭过四次桥，仍照抽不误。一位美国记者夸大其词地形容说，他抽的烟雾可以把美国的救火队引来。说也奇怪，我极少抽烟，但当和老总理谈话时，情不自禁地也会向他讨烟来抽。

老总理活到这个年岁，已经天不怕地不怕了。最不喜欢他的大人物，估计有两个人，一个是当今的天主教皇本笃十六世，另一个是美国总统小布什。施密特批评本笃反对堕胎的看法是强词夺理，他说，教皇对情爱、怀孕、避孕根本没有发言权，因为对此他毫无经验，一无所知。对小布什发动的伊拉克战争，他批评得更厉害。“凡是欧洲头脑健康的人对世界的认识，比起布什和另一些疯狂的美国人来说都清楚得多，中国人也看得很清楚。健康的人是不会支持布什这种政策的。”他讽刺小布什政府说：“那些决策战争与和平的人，根本不懂得，战争意味着什么。”

施密特智力惊人，能说一口流利的英语，他在美国纽约哈佛俱乐部用英文作过一次演讲，语惊四座。有人评论说，他的英文甚至好过母语德文，尤其是他的记忆力，如此高龄，可以把过往经历、接触的人名和地名记得清清楚楚，让人难以置信。他对当前的世界形势忧心忡忡，语重心长地说：“本世纪，也就是 21 世纪，将会是最可怕的世纪。”这不是他随便说说的，他在 2008 年出版的一本新书《退出政治舞台后的赫尔穆特·施密特》中阐述了他的观点。

58 永远对社会寄予希望的怀疑派

施密特某次问最了解他的妻子洛基："我是乐观主义者吗？"

"不是。"洛基回答。

"我是悲观主义者吗？"

"也不是。"

"那我是什么人？"

"你是现实主义者（Realism）。"妻子回答说。

施密特对这个回答很满意。他认为，他们夫妇二人自青年到此时，始终是现实主义者，是对社会永远寄予希望的怀疑派。这种提法对我来说很新颖。"对社会永远寄予希望"这必然是乐观主义者，但又"始终存有怀疑"。有怀疑，才有批评，有批评，才有改革，有改革，才能推动社会前进。施密特在分析世界的形势时，不是一锤定音，而是剥笋似的一层层剥开。他的思维方法绝对是西方的，但他接受东方文化，善于思考，用逻辑去推理，用科学来分析，看问题客观，尊重实践，不立即下结论。这种性格和为人是难能可贵的。笔者最不能容忍那些既无历史观又无科学知识、随便下结论的政客和文化人。他们好冲动，浮躁，自以为是，这种人一旦做了国家领袖，贻害无穷，如果做了大国领袖，贻害世界。可惜，这种人在全世界，过去有，现在有，将来还会有，但愿这样的人越少越好。

59 冷静客观，反对极端

我不是宿命论者，但我相信天意。一个在国内连小组长都没当过的人，遇到了一个见过大世面、和世界各国领袖包括毛泽东打过交道的西方大政治家、思想家，竟和他一见如故。他和我大谈对世界的看法，对和世界首脑私人接触后的印象，使我大开眼界。我则向他介绍我们关家的大家庭，我所受到的中国传统教育，并大谈我这一生在中国生活颠簸起伏的经历。我告诉他，我少年时，曾经是虔诚的基督徒，是个百分之百的西方文化的崇拜者。新中国成立后，又成为一个社会主义的狂热之徒。我告诉他，我在新中国成立前后的不断的思想反思，总结自己，直到中国“文化大革命”发生后的思想。我毫无保留地向他和盘托出我的心路历程，向他请教。我发现，他常常静默很久，耐心地听我说话，也会当中插话，提出问题。他老人家对世界的看法非常冷静客观，他反对极端，并不完全赞同西方世界的所作所为。他承认西方一些国家在这百多年来的自私和强权给世界带来的不稳定，这有其客观因素和主观因素，本世纪已经开始调整。

他一而再，再而三地向我表示，尽管世界在变，西方意识这一百年来影响着全世界，但是，中国的孔孟之道，融化在中国人的血液里。孔夫子思想有很多积极面，涉及面广，许多教义值得当代人学习借鉴。他对中国的发展抱着非常积极乐观的态度。认为中国不会走西方过去所走的霸权道路，但是，也要防止无限强大，无限制地占领世界资源。他表示，绝对不能低估东方世界的兴起，绝对不要低估伊斯兰教在世界的地位和影响，很可能一百年后，穆斯林将成为世界强大的统治力量。说到此时，他的神态非常严肃深沉。

60 能上能下、为人简朴的老总理

老总理施密特退休后，一点不端架子，能上能下。回到老家汉堡后，很快摇身一变，接下了世界著名的严肃报纸《时代周报》副社长的职位，不时为该报撰写时评。在汉堡大学我有一个德国学生马提阿斯·纳斯，大学毕业后被聘为该报编辑，我们时有往来。自 1985 年起，我成为香港《信报》专栏作家后，正逢苏联共产党新选出的总书记戈尔巴乔夫在莫斯科刮起"改革和透明度"旋风，闹得满城风雨。由于我曾是中共中央机关俄文翻译出身，略熟悉苏联和东欧国家的情况，一连访问了苏联、保加利亚、波兰等国的政要，然后撰文，文章颇受读者欢迎。我忽然心血来潮，就请纳斯先生安排我访问施密特老总理。谁知，施密特一听我是一个中国人，就马上答应下来。

我访问施密特总理的地点永远在汉堡《时代周报》为他提供的一个很朴素的办公套间里。一进门，先是他秘书的房间，由她通报后，就可以进入老总理的办公间。里面只有一张写字桌，一把转椅，转椅背后和右侧两面墙是满书架的书。写字桌前面有两把给客人坐的木质靠背椅，后面还有一个很普通的长沙发。在这间简朴的办公室里，他一坐就是三十多年，直到他告别这个世界。三十多年间，大概连他自己都不知道，写了多少影响世界走向的著作和评论文章，会见了多少国家的友人和来客。

61 把我看作他的朋友

在施密特老总理面前，我有一种感觉，他有极大的权威，但又是一个平凡的朋友。记得某次，我带华人朋友张丹红去见他，珮春没有在场，他用非常慈祥和关怀的态度，一再问珮春怎么没来，她好吗，并审慎地看着我。言外之意是：不要胡来啊！不久后，我又和珮春一起去拜访他，他显得特别高兴。为此我很激动，说明他把我看作他的朋友了。

说到朋友，德国人尤其汉堡人是非常保守的。就我所接触的德国文化人中，一辈子没有真正朋友的不止一个两个。他们永远是“君子之交淡如水”，互相之间永远称“您”，只有在近亲内称“你”。也就是那次，我和珮春一起去拜会他，他已经坐在轮椅上，高兴地大声说：“你们好吗？”使我们俩大为感动。他的秘书某次打电话来说：“告诉您一个好消息，老总理建议您和他一起上电视。”我问她是怎么回事，她说：“昨天，德国电视二台的著名主持人贝克曼约老总理上电视谈国际问题，老总理同意了，并建议谈话题目是‘中国’。贝克曼接受了，并要求老总理推荐一两个与他一起参加讨论的伙伴，他当即建议，请您，关愚谦博士。关先生，施密特先生把您看作他的朋友了。”听到这个消息，我当然很激动。

我和施密特很快见面了。我问老总理，在电视前我应该说什么。他哈哈大笑说：“随便你说什么！主要发言人当然是我。”上电视那晚，我如临深渊，如履薄冰，老总理则谈笑自如，不时拍拍我的肩膀，也就是安慰我，不要紧张。当晚，他深入浅出地谈了他对中国形势的看法，他对中国抱有很大希望，也有说服力。第二天，我家的电话不断，纷纷祝贺访谈成功。对这次访谈，德国媒体评论都很积极正面，批评激烈的恰恰是个别在德国居留的同胞。

62 安息吧！我的朋友，赫尔穆特

2015年11月10日晚，我们夫妇从香港、经广州回到上海的家，时间离入睡尚早。我正想打开电脑看新闻，珮春忽然制止我说："太晚了，明天早上再看吧！"她说话的声音和平常不一样，有点怪怪的。我就说："只看看新闻。"她知道制止不了我，就安慰我说："我刚刚在手机里接到一个消息：赫尔穆特·施密特去世了，我怕你太激动，所以没告诉你。"

一点不错，我几乎一夜未能合眼，老总理的形象一直在我眼前晃动。我没有流泪，因为我有预感，他的生命已到尽头了。过去每次从国内返回汉堡，我都打电话给老总理施密特的秘书说"我回来了"。几乎很快就得到老总理的消息，并说要尽快见面。可是，今春我从国内回来，他的秘书立即回答说，"老总理体力不支，不再接待客人了"。我这辈子，见过的中外政治家不算少，但唯一交往较深的就是施密特老总理。

想起21世纪初某次会面时，他忽然问我有无兴趣到他家去参加一次"星期五聚会"。我几乎不相信我的耳朵。因为我知道，汉堡人一般都很保守，不是知己是不会随便请到家里做客的。我当然立即接受。他老人家接着说：我这"星期五聚会"一年举行好几次，经常请人来做专题报告。我想请你在两个月后的第一个星期五到我们的"聚会"做一次关于现代中国形势的四十五分钟讲座。我这胆大包天、不知天多高地多厚的人，竟然一口答应下来了。开讲那天，我按指示地点来到老总理的家，一个两层楼的汉堡老式宅院，坐落在汉堡北城一个很僻静的老区里，一点也不突出。只是有警卫把守。陌生人谁也不会想到，住在这房子里的人曾经是主持联邦德国政局的总理。一进客厅，外厅放着一架三角钢琴，老总理曾经和德国著名钢琴家尤斯图斯·弗朗兹一起在公开场合演奏过双重奏。内厅里黑压压一片，坐着十来个西装革履、几乎全是六十开外年纪的老人。我仔细一看，差点晕倒在地，他们全是社会上响当当的知名人物：基督教大主教、前财政部部长、工会主席、德国社会民主党的几届头面人物，前国防部部长、基督教联盟前副主席吕尔也来了。这说明施密特老总理的肚量，以及广交朋友的豪情。

我在德国被不少大学和研究所邀请，为师生和研究员们开讲座，从各个方面介绍中国，已经习惯了，无须做太多的准备。但是，见到那么多名流，还真有点紧张，我的德文还达不到那么文质彬彬的高度。没想到总理夫人是那么的随和、平易近人，坐在我旁边那么用心地听，还频频点头，消除了我很多顾虑。讲后的随意座谈和提问，我感受到他们对中国是如此的关心，提问有一定的深度，说明他们的知识是很广的。他们的谈话也很随意，毫不矫揉造作。后来，施密特总理约我上电视谈中国，和那天在他家的讲座有一定的关系，这些都给了我很大的信心。不过，这些都已经是过去式。

敬爱的赫尔穆特，请允许我用你的学名和“你”来称呼你，你虽然离开了人间，但我相信，地球上的人还会不时地提到你，读你的书，回忆你的事迹。

安息吧！我的朋友！赫尔穆特！

第十章　和国际大人物会面

63 和美国前国务卿基辛格谈心

诸位读者，无论在香港或在西方，关愚谦的文章，读过的人不少，批评的人也不少。尤其是美国的一些学者，受美国舆论的影响较多，谁要是说中国内地的好话，就骂你是“中共的走狗”甚至“间谍”，拿了中共多少钱，等等。

还记得多年前，我到美国，偶然在芝加哥大学参加了一次华人学者的学术研讨会。几个做报告的学人把中国大陆批评得一无是处，我实在忍无可忍，就自发地到台上发言说：“我不久前刚刚从中国大陆访问归来，中国社会当然存在不少问题，但也没有像你们说的那么坏。美国建国也不过二百年，中国文化有五千年历史，皇权思想近乎两千年，怎么可能一下子改变？而且，我并不认为，中国只有走美国的民主道路才是正确的。这一百年来，中国受尽外国蹂躏，老百姓苦死了，这三十多年来，人民生活大有改善。我认为，只有国民生活富足了，才能腾出时间好好地静下心来，找出中国今后的发展方向。我为中国目前的经济发展而满意，至于政治制度改革，这一百年来，中国高层不知道寻找过多少次，基本上全是把他国的经验，生搬硬套地搬过来。”

最近德国的《南德意志报》，就中国当前的形势，发表了一篇令人玩味的文章，它这样写道：“近期法国向中国提出用幻影 2000 战机的相关技术换取中国量子计算、通信的合作机会的请求，遭到中国拒绝。乌克兰想出售给中国最后一艘巡洋舰的请求，也被中国婉拒。英国提出让中国遵循英国发动机标准，合作生产大飞机发动机，中国最后也谢绝了。美国向中国提出，把美国的部分航天技术用到中国即将建成的空间站上，中国竟然不感兴趣。这说明中国不再盲目仰视、紧盯西方，不是美国做什么中国就紧跟着做什么。中国已经开始有了自己的一套军备科技发展规划，中国开始坚定地走自己的路，这在以前是不可想象的。”

《南德意志报》指出，欧美等西方国家有着天然的优越感，以为自己就是世界的中心，其他国家对于自己的要求只会言听计从，可是如今规则变了，中国不再遵循西方制定的规则，逐步开始制定自己的规则。美国媒体感叹，美国依靠军备科技对中国发号施令的时代结束了，以后再想让中国言听计从估计更难了。

苹果公司看到中国腾讯和阿里巴巴发展得风生水起，在移动支付领域完全处于引领潮流的地位，开始不舒服了。于是施压腾讯、阿里巴巴，要求微信、UC必须把赞赏金额的30%抽成给苹果公司。苹果公司以为，按照以往的惯例，中国肯定会屈从苹果的要求。但是这次苹果错了，腾讯断然拒绝了苹果的霸道要求，微信已将IOS的打赏功能下架，马云也宣布关闭阿里巴巴UC的打赏功能！霸道的苹果以为自己会轻易让中国屈从，但最后却惨遭失败，苹果股价在5个交易日里下跌557亿美元（约合人民币3788亿元），蒸发接近4000亿！

半年前，中国华为拿下了全球下一代，即5G时代的标准制定权！近日，中国三大运营商郑重宣布，将在未来七年之内，出手1.2万亿元人民币，打造属于中国的5G时代！美媒感叹，作为信息时代的霸主，美国轻松赚取巨额利润的时代快结束了，苹果就是一个典型。德国媒体也指出，西方想躺着也能吃香喝辣的日子估计不多了，再不努力真的要处处求助中国了。

中国军备科技快速突围，西方国家真的需要调整心态了。中国2015年在研发上的投入是美国的75%。2000年，中国的投入只有美国的12%，中国的研发投入预计到2022年将超过美国。近15年来，美国、加拿大、澳大利亚、英国和其他欧洲国家的研究经费则停滞不前了。上面这些信息真让我们中国人出了口气，但是，也不要太牛气了！

中国和美国这几十年来，由于更换了无数次首脑，两国关系时好时坏，不断变化。最近香港一家出版社想要为我出一本有关这方面的书，我开始整理过去写的评论文章，越看越觉得有意思。不是因为我写得生动，而是中美关系的千变万化。1950年“抗美援朝”至今快七十年了，中美关系打打和和，和和打打，从紧张到和睦，从和睦到紧张，太精彩了。尽管中美一直有很多摩擦，但是，“和”毕竟占了上风。这里，必须感谢当时的美国国务卿亨利·基辛格于1971年7月9—11日秘密访华。基辛格承诺美国将逐步减少驻台军事力量，不支持“两个中国”或“一中一台”，承认台湾是中国的一部分，并在联合国支持恢复中国的席位，等等。接着总统尼克松应邀于1972年5月之前访华。这简直是新的《天方夜谭》。

对基辛格这个人我过去始终不看好，认为他做美国国务卿时给尼克松出的发动越南战争的点子，非常野蛮。但他此时又游说尼克松访华，从此翻开了中美关系新的一页，充分表现出美国政治家的出尔反尔，一切以美国利益为中心。

某天，我在电视上看到李克强总理访问美国，和基辛格在纽约促膝谈心。基辛格已经是九十开外的老人，脑子还十分清楚，让我感慨万千。这里我也忍不住向大家透露一个心中的骄傲，即在2015年11月24日，德国各界在汉堡大教堂为德国老总理施密特举行追悼会，我也被邀请参加了。会后，我被邀请到汉堡市政府议会大楼会客厅与基辛格老先生会面，有幸和他坐下来促膝谈心。

我开门见山地说："基辛格教授，我姓关，英文名Peter，算是一个作家，汉堡大学退休的学人，在德国住了几十年。您是我非常尊重的国际政治家，您最近出版的一本书*On China*我读了，觉得写得既客观又深刻，让我对自己的祖国有了更客观的认识。"

他高兴地回答说："谢谢！那我们既是同行，又是同辈的人，应该很谈得来！"

我很快反应过来说："我是施密特老总理的老朋友，他在我面前不断提到您。"

"哦！好像他提到过您，您是不是'文革'时用日本护照跑出来，先到埃及，后来到德国，还写了一本书？"

"是的，我是用德文写的，我想送一本给您！"

"谢谢！我当然看得懂德文，请寄到美国来。"

"基辛格教授，我从您的*On China*这本书里发现，您对中国的展望非常乐观，和您过去的看法不完全一样，这是不是与当前中国的形势变化有关？"我这句问话是临时说出来的，后来想想还是很尖刻的。

他大概也发现，我的话中有话，停顿了一下慢条斯理地说："中国是一个伟大的国家，这个民族很了不起，文化历史悠久丰富，世界应该很好地去研究它。对现代中国的看法，也要有一个发展的过程。我认为，随着目前世界格局的变化，中国还会演变。"

"基辛格教授，我有一个问题想请教您：中国应该怎么样来学习西方的市场经济和民主？"

“中国无论如何想学习西方，都不会变成西方式国家，中国还是中国，中国的发展模式不应改变。30 多年来，中国模式的基本发展线条已经清楚了，它今后的路程，我认为应该向这个方向走：经济上走上中西混合经济的道路，政治上则是开放的一党制，把中国传统的贤能政治和西方的民主相结合，把中国古代的精英考试选拔制和现代的西方竞选制相结合，”基辛格接着说，“威斯特伐利亚模式的国际秩序如今在亚洲推行得最为得力，远强于欧洲，中东、非洲更是无法相比。历史上的亚洲与欧洲不同，并没有一个类似罗马帝国那样的共同帝国，也没有基督教那样的统一宗教。今日的亚洲各国，存在各种宗教：中国的儒教，东亚的大乘佛教，东南亚的南传上座部佛教，南亚次大陆的印度教，印度尼西亚、马来西亚、巴基斯坦的伊斯兰教，还有韩国的基督教和菲律宾的天主教。这是建立亚洲共同体的屏障，因为这种超国家的共同体的建立，要有合法性基础，有共享的价值观，要放下不少观念。今日的亚洲各国，民间大众的民族主义情绪泛滥，政府基本按照 19 世纪欧洲的国家理性方式进行外交，国家利益至上，诉诸武力的可能性存在，还缺乏欧洲式的平衡均势。因为在欧洲，主要国家的利益即使不完全一致，也是相互兼容的。亚洲却没有这样的利益一致性。印度最担心中国，现在的印度、日本和中国都由强势政府领导，竞争可能加剧。一些亚洲国家，一方面找到大胆的和平解决办法的可能性在增加，如像欧盟式的超国家共同体已出现，但日本与中国和解的可能性很小，除非再次出现一个共同的敌人。”

“基辛格教授，那您如何看现在的美国呢？”

“美苏冷战结束之后，美国成为新世界体系的领袖，两霸相争成为一霸独揽。不要忘记，美国是一个具有极端一神教传统的清教徒国家，早在 1630 年，征服美国的约翰·温斯罗普总督就宣布：我们要在新大陆建立一座上帝的‘山巅之城’，激励整个世界。美国的外交是传播美国价值观的外交，认为其他民族都应该渴望这套普适的价值观，复制美国的现代化道路。美国是一个矛盾的大国，既有盘算自己利益的孤立主义传统，又有理想主义的传教精神，其外交政策经常在二者之间震荡，试图找到平衡点。但作为清教徒的美国人之最终信念，还是相信自己担当着上帝赋予的‘天命’，有责任拯救混乱和堕落的世界。”

“那么，您对当前的中东局势有何看法？比如美国的中东政策？”

“事实证明，以多元民主取代萨达姆的残暴统治，要比推翻这个独裁者要困难得多。伊拉克内部逊尼派、什叶派和库尔德人之间由来已久的矛盾，在美国式民主选举之下，演化为无法整合的宗教与民族冲突。而以埃及革命为中心的‘阿拉伯之春’，最终被证明不过是一场美国所不喜欢的‘伊斯兰觉醒’。目前的伊斯兰教既是一种宗教，又是一个多族裔的超级国家和一种新的世界秩序。伊斯兰教所想象的世界秩序，乃是一个‘真主意志’的世界，埃及穆斯林兄弟会的创始者哈桑·班纳提出，要用伊斯兰的制度取代世俗的民族国家体制。”我们的谈话时间很短，就被别人打断了。但我是那么高兴，觉得收获很大。他毕竟是世界上一个很难遇见的高人，知识渊博，还那么彬彬有礼，令我尊敬。

64 波兰总统接见了我

自从戈尔巴乔夫提出 Perestroika（重建）以后，东欧的几个社会主义国家都动起来了，走在最前面的是波兰。波兰格但斯克造船厂以工人瓦文萨为首，于 1980 年自发组织起一个“团结工会”，曾多次遭到波共的镇压。自从戈尔巴乔夫宣布新政以来，该工会坚持斗争，终于被当局承认，而且最后掌了政府大权。当瓦文萨将担任总统的消息传到我耳中后，我想尽办法要去拜见他。最后想到了在意大利任教的波兰教授葛瓦里阔夫斯基（Krzysztof Gawlikowski）。他是团结工会的人，我想碰一碰运气，于是打电话请他帮我联系。一天下午，他真的来电话说，瓦文萨同意两天后接见我，并告诉了我联络方法。我喜出望外，立即买了一张机票于 1990 年 11 月 14 日飞到华沙。瓦文萨的办公室主管说，由于他参加总统竞选，嗓子嘶哑，现在还定不下接见的日程。听此消息，我每个细胞都紧张起来了。如果真有个三长两短，我这趟旅行岂不泡汤了？

当波兰社会民主党听说，亚洲报社派来一个记者要采访瓦文萨，他们想要捷足先登，非要我采访他们不可，而且主席、副主席及三个常委都出来了。由于安排得很仓促，我也没带翻译。当主席问我用什么语言谈话时，我问他们，除波兰文还会哪国语言。他们说，两个会说俄文，两个会说德文，一个会说英文。我就开始用这三国语言和他们谈起来了。这位后来当了波兰总统的主席问我：“你们中国记者都会说这么多种语言吗？”我笑着沾沾自喜地点头说：“差不多吧！”第二天，我反而成了波兰媒体群访问的对象——一个非官方的自由派记者。

我住的华沙大饭店，是当时首都的最高级饭店，但是对我来说，简直像个军营，房间里的设备简陋极了。我成天又不敢走动，怕误了大事。一直等了四天，到 18 日，才知道瓦文萨决定 19 日在他的家乡格但斯克接见我，我得马上启程，坐火车去那里。可是我的英文翻译 Eva 还没来，火车又常常误点或取消，把我急得如热锅上的蚂蚁。幸亏遇到了葛瓦里阔夫斯基教授，他正在陪一些意大利客商，晚上他们将乘包机到格但斯克去。在我的请求下，他们同意和我一起走。我终于没有白来一趟。

留两撇胡子的瓦文萨，谈话很随和，我从家里带了一张牡丹国画送给他。他看了非常高兴，兴致勃勃地大谈起社会主义制度。瓦文萨到底是工人阶级出身的总统，气质就是不同，没有那种官僚气。他回答我提出的问题时，温和可亲，平易近人，没有那套大理论。

坐在回汉堡的飞机上，回忆起这次会见，我不禁暗暗笑了起来。首先，我要感谢葛瓦里阔夫斯基教授为我的安排，没有他，我不可能有机会见到瓦文萨总统；其次，我联想到毛泽东在延安和美国记者安娜·路易斯·斯特朗说的一句话“美国是个纸老虎”。这句话成为世界名句！至今还被人们引用。现在我关愚谦，一个中国记者，在欧洲波兰，访问一位波兰工人领袖瓦文萨，多么富有诗意啊！

65 误了保加利亚总统的接见

东欧的文章我写了不少，但是，保加利亚和阿尔巴尼亚对我来说，是个死角。既没去过，也知道得很少。1991 年 3 月中旬，我们的一个保加利亚朋友安娜·坡坡娃（Anna Popowa）医生打电话来，请我们到她家去做客，因为她家里来了一个著名的保加利亚女诗人布拉加·迪米特洛娃（Blaga Dimitrowa）和她的议员丈夫瓦西里耶夫（Jordan Asenov Vasilev）。这电话立即触动了我作为记者的神经，马上答应赴约。

这位年逾七十的女诗人不但愿意接受我的采访，并说，她和她的丈夫与现总统热列夫（Dr. Zhelev）很熟，可以为我安排一次接见，使我大喜过望。热列夫是保加利亚有名的作家，和捷克现总统兼作家×××并驾齐驱，也是社会问题批评家。果然如此，他们回国没几天，好消息传来，保加利亚总统同意见我，接见时间定在星期三的下午。

从汉堡去索非亚，需在法兰克福转机，本来说好珮春一起去，可是联邦新闻办临时来了一个要她接待中国记者团的任务，不能去了。临行前她千叮咛万嘱咐，叫我一路小心，别忘了机票、护照，我甚至嫌她太啰唆。想当年，我一个人出门，走南闯北，经验丰富，自从和她一起旅行后，她把一切杂事全接过去，反而把我培养成一个行动上的懒汉。这次我一定要显示一下大丈夫的本色。谁知，还没出门就犯了一个错误，把在香港买的挤得我脚趾痛的新鞋穿上了。

到了法兰克福机场转机，脚痛难当，一看还有四十分钟时间，就到处去机场商店买鞋，哪怕再贵呢！谁知，偌大一个机场，竟没有鞋店。最后鞋没买到，却把登机时间错过了。机场地勤人员见我姗姗来迟，还没来得及骂我，我倒急了。怎么办，飞机已起飞，一天只有一趟。

我只好把总统接见的大事端了出来。好心的地勤小姐们一听，觉得大事不妙，一个小姐拿起电话机，另一个小姐就开始用电脑为我联系起来。很快，她们查到，瑞士航空公司 12 点 50 分有一班从瑞士苏黎世起飞去索非亚的飞机，而当时已是 9 时 55 分。她们又与瑞士航空公司驻法兰克福地勤人员联系，知道十分钟后，有一架瑞士飞机从法兰克福飞往苏黎世。敏捷的汉莎航空公司小姐立即用电脑替我开新机票，不要我补一分钱。然后，我背起大小照相机、录音机，以我过去在大学时百米赛跑的速度直奔瑞航登机处，奇怪，脚也不疼了。瑞航空姐已接到通知，专候我的光临，我一上飞机，舱门就啪的一声关上了。坐到椅子上，我才发现自己汗流如注，狼狈不堪，不禁笑起来。心想，这些汉莎航空地勤小姐一定学过了“雷锋精神”，不然，态度为什么那么好。我也真佩服自己的临危不乱，我的“大丈夫”气概又上来了。但是，我不敢如实地告诉老婆，怕她看不起我。

来到索非亚，比预定抵达的时间晚了两个多小时。坐上出租汽车，不知道去哪儿。但我记得安娜·坡坡娃医生说，布拉加是保加利亚家喻户晓的女作家，我且来试探一下，这位年轻师傅知不知道她。

我于是用俄文问：“你知道不知道布拉加·迪米特洛娃？”

“布拉加？那个女诗人，我们将来的副总统？当然知道了。她和她先生瓦西里耶夫议员两个小时前还到机场来接人，好像没接到，又走了。你认识她？”

“什么？”我立即用双手捂住脸，觉得非常过意不去，心想，可是他们没说要到机场来接我啊！莫不是总统的接见就安排在今天下午，一想到这里，我的心立即紧缩起来。

“他们是来接我的，我耽误了上班飞机。”

这位司机听了我的话，对我肃然起敬，他说：“您有她的电话吗？”

“有！”

汽车进了城，司机很快找到一个公用电话亭，替我拨通了电话，布拉加第一句话就是：“您误了总统的接见，他准备在您下飞机后马上接见您。”她说话非常平静，没有一点责备我的语气。

“那怎么办呢？”

“您先去旅馆，半个小时以后，我们再联系。”她说。

一来到旅馆房间，我好像泄气的皮球，倒在沙发上，恨不得拿我的脑袋往墙上撞。一个堂堂大总统竟然要等一个记者，岂不滑天下之大稽？我真恨死我自己了，如果珮春在旁，肯定不会出这种荒唐事。只要总统不见怪，我再等上几天都可以。

就在我患得患失的时候，电话铃响了，是布拉加打来的。旅馆的电话号码和房间号码是我托司机通知她的，并且决定包他三天的车，他高兴极了。布拉加要我和她马上到索非亚大学主楼去，总统正在那里和学生们对话。这下我的精神又来了。

大学大礼堂，挤得水泄不通，总有几千人吧！布拉加把我带到一个角落里，只见主席台上坐了两个人，其中一个就是我从德国电视里常见的保加利亚总统。台下人头攒动，吵吵嚷嚷，会场里不断传出笑声、拍手声和讲话声。原来总统正在回答学生的提问。人人可以发言，人人可以问话。

大概是其中有个学生提出来一个相当风趣的问题，全场爆发出一阵笑声。接着总统用很简短的话回答了问题，全场笑声更大，并响起了热烈的掌声。一个总统和学生们这样融洽无间，既看不见有警卫的层层保护，也没有人在会场捣乱，眼前的一幕让我回忆起 1949 年，周恩来到我们北京外国语学校做报告时的亲切情景。

晚七时半，布拉加的丈夫——议员瓦西里耶夫——终于找到我们了。把我们带到大学旁的国会大厦大堂，自己又走开了。这个大厦不特别大，已到晚餐时间，基本上人去楼空，但灯火仍辉煌。高大的楼顶，柔软的地毯，大理石的墙壁和石柱，气魄非凡。我们等了一会儿，约八点钟模样，瓦西里耶夫又出现了，他对我说："我们现在去见总统，他在办公室内等您。"我真是激动得不得了，可是我又着急起来了。照相机、录音机什么都没准备好，匆匆赶到大学，一切还没有头绪，怎么办？

走进两扇用棕色牛皮包起来的厚实的大门，只见宽敞的总统办公室里坐着几个人，围在一台电视旁。其中一个向我迎过来和我握手，正是热列夫总统。他个子不高，面带笑容，用英文对我说："现在正是新闻节目时间，请允许我把它看完好吗？"

"当然，当然。"我连忙回答道。

好像全世界很多地方，晚上八点钟都是电视新闻节目。我心想，和一个国家总统在一起看电视，我这辈子真没白活。先是国际新闻，接着是国内新闻，不一会儿屏幕里出现总统，他在大学礼堂前，舌战群雄。热列夫总统更是目不转睛，其他人开始插话了，他忽而笑，忽而摆手让大家安静，自己有时候也说上几句。

总统，对我来说是当今的皇帝，应该是正襟危坐，面无表情，他的话应该是一言九鼎，下属则应洗耳恭听，哪有笑起来那么天真无邪的。没来之前，我“调查”了他的历史，他是一个哲学家，曾在社会科学院一个研究所工作，因为提出了自己的与马克思主义相悖逆的理论，触动了党国的神经，于是他被送到农村。热列夫就利用这五年软禁的时间，写出了一本轰动全国的巨著《法西斯主义》，含沙射影地批评保共，当局立即查封。可是已经晚了，这本书已经印出来传开了。从此，热列夫就成为保加利亚受人尊敬和爱戴的人。1990 年 7 月 7 日，前总统梅拉德诺夫（Mladenow）被迫辞职，热列夫被选为新的总统。

电视新闻节目总算结束了，我是一句话也未听懂。这时我已把录音机准备好，只听总统和瓦西里耶夫说了几句话，大家都站了起来，各穿各的大衣，接见就此结束。瓦西里耶夫也把布拉加和我的大衣拿出来，也不让我和总统说再见，就把我们请出办公室。然后他说：“我们一起去吃晚饭，是地道的保加利亚餐馆，简单、朴素。”当然，我是没有意见的，客随主便嘛。

来到餐馆，确实很简单，但却座无虚席。最里面的一桌，白桌布，白餐巾，闪闪发光的酒杯，刀叉盆碟都摆好了。很显然，瓦西里耶夫事先已订好了。我们还没有坐下，只见大门口又进来了两个人，全厅立刻沸腾，拍起手来。我一看，是总统夫妇，正向我们走来。

“是我把他们请来的。我没敢事先告诉您，是怕总统临时有急事，让您失望，现在看来，今晚不会再有事了。我们可以喝一个痛快。”热列夫总统毫无架子，谈笑风生，我们很快就熟了。我向大家表示，今晚的饭，由我请客。总统马上说：“不！您是我们的客人，今晚我请。”瓦西里耶夫笑着说：“你的夫人刚刚失业，你又把你工资的四分之一拿去捐给了孤儿院，哪还有什么钱请客，你们今天都是我的客人。”这样一来气氛更加活跃了。

第十一章　相见时难别也难

66 真想到苏联去看看

真奇怪，我和苏联渊源比较深，给苏联专家做过多年翻译，能说相当流利的俄文，但在我来到德国以前，根本没有机会到俄罗斯去旅游。中国的对外开放，让国民较为自由地到国外去旅行还是自 1980 年开始，也就是邓小平提出改革开放以后。社会主义的苏联，在斯大林统治时代，经济建设偏重于重工业、国防工业，与轻工业、农业的比例完全失调，人民生活必需的农产品和轻工产品常常得不到满足。1957 年苏共中央第一书记赫鲁晓夫正式提出了 15 年赶超美国的口号，但依然毫无建树。原因是自斯大林时代建立起的高度集中的经济体制一直没有改变。苏联进入 20 世纪 80 年代，经济增长速度不断放缓，经济技术水平、人民生活水准与西方的差距不断加大。到了 1985 年 4 月，戈尔巴乔夫担任苏共总书记后，发现中国在邓小平提出“计划经济害死人，中国要实行市场经济”之后，中国经济跳跃式地起飞，他决定向中国学习，进行经济政策改革。

1987 年 7 月，苏联最高苏维埃通过了《国营企业法》。该法许可企业根据市场需求确定产量，采购价格依企业与承包商谈判的合同价格而定，国家取消指令性计划指标，企业自负盈亏。1988 年 5 月，苏联开始实施《合营法》，是戈尔巴乔夫经济改革中非常重要的一环。第一次允许制造业、服务业与外贸部门接受私营成分的出现，合营的餐馆、商店与制造企业开始进入苏联经济生活的舞台。

一系列的经济变革措施并没有像预想中那样“重建”，自 20 世纪 80 年代以来陷入泥潭的苏联经济，虽然原先高度集权的指令式经济发展模式在一定程度上得到了改变，但在货币兑换和价格控制等方面依然有所保留。

戈尔巴乔夫的改革使苏联的经济体制有所改变，但是哪有那么容易。它反而成了既非市场经济又非计划经济的怪胎，苏联经济不断下滑，苏联人民的生活水平大幅下降。在过去，人们常要面对耐用品的短缺，到戈尔巴乔夫时代，连食物、衣服等这些基本生活必需品也出现供应短缺。窘迫的经济状况也大大影响对外经济领域，硬通货债务明显增加，引起民众严重不满。

有意思的是，戈尔巴乔夫的经济改革是从中国学来的，但结果却完全不同。中国自1980年起国内生产总值稳步增长，而苏联及跟着苏联走的东欧国家如波兰、捷克、匈牙利、保加利亚、罗马尼亚的经济在20世纪90年代却急剧衰落。

1987年中秋节，我和珮春在温暖的汉堡银河街客厅里看电视讨论，今年的新年我们到哪里去度假。回中国？去意大利？还是到法国？我就随便说了这么一句“我真想到苏联去看看”。这是我的真心话，给苏联人做了几年的翻译，读了很多本俄文小说，至今还没去过苏联。我知道，珮春是绝对不会同意的。莫斯科的冬天，天又冷，国家又那么穷。可是真巧，德国电视三台正好播送一组介绍莫斯科人文生活的节目，非常精彩，珮春看后很受影响，她就随便说了一句“听说列宁格勒和莫斯科人庆祝新年的晚会特别热闹”。给她这么一说，我真动了心。

一方面，我既然是《信报》的专栏作家，沈鉴治总编希望我多写些苏联发生的变化。另一方面，我在莫斯科还有几个熟人。再者，我多么想去看看我的老专家、老朋友谢尔盖·米哈伊洛维奇一家啊！整整过了三十年了，我好想他们啊！回想起我在国内财政部工作时，我是他的翻译，三年下来混熟了，变得不分彼此，周末常去他家串门，几乎形影不离。他几乎把我当作他的儿子，他的妻子甚至希望我娶他们其中的一个女儿为妻。

然而，天有不测风云，中苏关系忽然莫名其妙地破裂，中苏由朋友变为仇敌。他们一家回了莫斯科，我则被“充军”青海，从此断绝了往来，但我一直没有死了“重逢”这条心。三十年如梦魇一般，恍恍惚惚地过去了，又好像度过了几个世纪。

当我来到西方的第一天，就想去看看我那望眼欲穿的故友一家！记得我在青海受难时，他还从莫斯科给我寄过一大盒巧克力饼干，我还竟然收到了。但是哪里想得到，国际上的鬼政治，苏联、东欧和美国、西欧成仇，又整整耽误了二十个春秋。

戈尔巴乔夫上台，两方关系总算松动了些，可以通航和旅游了。汉堡和列宁格勒虽然在波罗的海的同一海岸线上，但是，社会制度不同，

“老死不相往来”。现在，总算有旅行社可以组团去了，我为什么“不深入虎穴”去掏几个虎崽呢？

1987 年圣诞节的前夕，一架苏联伊柳辛式客机把我们夫妻二人带上了万里晴空，两个半小时以后，降落到莫斯科机场上。刹那间，我的血液沸腾起来，心跳如梭。和苏联打了这么多年的交道，多想到这个国家去访问一下，现在终于如愿以偿了。

67 我是尤拉，小关，您忘记了

来到旅馆，匆匆卸下行李，简单地收拾打扮一下，我们又匆匆忙忙地离开旅馆。

“你的记忆力不会错吗？这个地址对吗？”珮春怎么也不相信，三十年过去了，我还能记住这一家的地址。

“不会错，别的可能忘，这地址我永远忘不了。和平大道十号，三楼四号。”

这是真心话。我一直相信，早晚有一天，我会访问谢尔盖·米哈伊洛维奇·刘明的家。离旅馆不远，就是苏联人一直引以为豪的地铁。记得我在大学读书时俄文读物中的一个句子：“进入莫斯科的地铁车站，就好像进入宫殿一般。”真的，一点也不错。几十年了，环城路的那些地铁车站仍是那么美，艺术性仍是那么强。乘地铁便宜得令人难以相信，只需五个戈比，而且四通八达，一两分钟一列，非常方便。

按照好心人的指示，我们走出“和平大道”地铁站。车站前面广场上停着无数辆大货车，每辆货车前面排着长长的队伍，全是提着大包小包买东西的。原来，每辆货车只卖一种食品。我的妈呀！这要排多长时间的队啊。排队，我在中国时司空见惯，只是，这么长的队伍，要等到几时啊！看看这些排队的人，戴着皮帽，围着厚厚的围巾，脚穿皮靴，踏着黑灰灰的冻雪，一看就知，都是有备而来。一个个的脸上都已木然，即使队伍行进得很慢，也不见有急躁不耐烦的人。

天色渐渐黑了下来。摸黑问路，楼房号码又看不清。找到时，两只脚上的皮靴已经被雪水渗透了。终于来到三楼四号公寓前，我迟迟不敢按下那个电铃。这一瞬间，我等了多少年啊！就在我们犹疑不决的时候，公寓的门打开了，走出来一位穿着整齐准备外出的中年妇女。她用怀疑的眼光打量着我们，急切地问：“你们找谁？你们在我家门口做什么？”

“这是谢尔盖·米哈伊洛维奇·刘明的家吗？”

“不！他们早就不住在这儿，搬走了。”说完她带上门就要走。

我这时好像泄了气的皮球一样，脸上的表情一下就变了，懊丧、气馁，连我自己都感觉出来了。这位妇人用惊讶的眼睛看着我，用俄文问珮春，您陪的客人是从哪里来的。珮春愣在那里，一字也未听懂。我立刻回答说："她是德国人，不懂俄文。我是从很远的地方来的。"我不太想说，我是从中国来的，因为，中苏敌对几十年，也许她还有戒心吧！

"从中国来的？"她反而直截了当问起我来。这下逼得我非说真话不可了。

"对了！我从中国来，我是这一家的老朋友。"说完这句话，这位妇人忽然改变了态度，高兴地笑起来说："我知道刘明一家在中国待过，我有他们的地址，他们就住在对面那座楼。"按照她的指示，我们很快就到了刘明的家。经过这一番折腾，我对自己的俄文也有些自信起来，虽然好多年没用了。

感情这个玩意儿真是太令人捉摸不定了，当我知道刘明一家还都健在，而且还惦记着中国朋友，我忽然闪过这么一个念头，还是别按铃了，何必给自己平添烦恼呢，三十年不就这么过来了？可就在这时，珮春勇敢地按了一下门铃。

门开了。一个妙龄俄国女郎出现在门口，嫩白的脸蛋、金色的头发、碧蓝的眼睛，漂亮得就像俄国电影《新年狂欢节》里面的女主角。她自然大方地站在那里问："你们找谁？"

"谢尔盖·米哈伊洛维奇在家吗？"

"洁笃什卡（爷爷的意思），有人找您。"

这时一个白发老人穿着晨服出现了。他一点也没变，跟过去一样。宽宽的肩膀，不高的个子，嘴角两边始终保持着笑容，还有那深凹下去的眼睛，就是走在马路上，我也认得出来。我刚想伸出手去，忽然听到一句"你们是谁"，让我又缩了回来。

不，他认不出我来了，我真有点失望。

"谢尔盖·米哈伊洛维奇，是我，我姓关。"

"关？我不知道，我不认识您。"

这下我急了。我忽然想起，他过去叫我小关，还给我起了一个"尤拉"的俄文名字。我于是又说："我是尤拉，小关，您忘记了？"

这时，我看到他的脸色逐渐有了变化，他慢慢地反复说"小关""尤拉"，"小关""尤拉"，他想起来了："你，你还活着？是你吗？尤拉，真的是你吗？”

这时他忽然扑到我身上，紧紧地用双手抱住我，亲我的两颊，左亲右亲，右亲左亲，泪水充满眼眶，他简直控制不住自己。

看见他那么激动，我有些害怕起来，怕他忽然犯心脏病。为了转移目标，我将视线微微扫向另外一侧，我看见一个中年妇女站在我身边。我端详了一下她圆圆的面庞，大声叫起来：“塔尼亚，你是不是塔尼亚？”她高兴得也不顾珮春愣在旁边，跳过来把我紧紧地抱起来。我还记得，她那时不过是十三四岁的女孩子，现在已是徐娘半老了。原来那个美如天仙的女孩子，就是她的女儿，目前他们祖孙三代就住在这个三大间的公寓里。塔尼亚的母亲正患病在床，听见我来了，非要起来不可，我们硬把她按在床上。

先是一阵沉默，你看着我，我看着你，互相打量着。对我来说还有足够的思想准备，对他们来说，好像从天上掉下来一个宝贝。

“我们一直没有忘记你，我们总是说到你。一两年前，我们这些过去在中国工作过的财务专家还聚在一起说到中国的老朋友，中国的‘文化大革命’。后来我们又听说，你早已离开中国了，但是，去了哪儿？还活着吗？我一直为你担忧。”说着，老人家又把我抱了起来。

回忆、激动、感叹、沉默。我发现三十年不用俄文，现在连说一个完整的句子都要费尽力气，一不小心，德文就蹦出来了。可是大家都那么注意地听，不愿漏过我的每一个字。刘明专家已经是八十多岁的老人了，但他高兴得有些忘乎所以，一会儿拿出所有在中国照的照片，一会儿把我拉去看他在中国买的纪念品，一会儿又抚摸我的头发，一会儿又去给过去一起工作的苏联专家打电话，通知这大好的消息。

“相见时难别亦难，东风无力百花残。春蚕到死丝方尽，蜡炬成灰泪始干。”李商隐的这些诗句，我在此时此刻体会得最深。当夜，我几乎没有合上眼睛，我怎能入睡呢！过去的一切都涌现在我的眼前。仇美、蔑美、抗美援朝，然后学苏联话、唱苏联歌、百分之百学苏联，接着是由亲苏到怕苏、反苏反修又反右，说我与苏联划不清界限，彻底批判苏修分子，充军青海……这一切到底都是怎么回事？现在，我竟然做梦般来到了苏联这块土地上，三十年以后，被人为分割开的我们又能拥抱在一起，这简直是个奇迹，而这又是多么让人高兴又多么令人心酸的奇迹啊！

68 在老朋友谢尔盖家欢度新年

12 月 31 日，新年前夜，谢尔盖家里又增添了两个亲人，为友谊干杯！为重逢干杯！为旧友干杯！为改革干杯！为中苏两国新的友好干杯！八十岁的老人那天真是高兴极了。大女儿、大女婿、二女儿、二女婿、外孙、外孙女、外孙媳妇、外孙女婿都来了。祖孙三辈如醉如痴，又歌又舞，他们把这半个月来不知花了多少时间排队买来的食品一股脑儿都放在桌子上。吃！吃！拼命让我们吃，不吃不行。喝！喝！再喝一杯！不醉不休。

谢尔盖·米哈伊洛维奇说话了。“尤拉！你知道吗？那个时候，我的太太真希望你能娶我两个女儿中的一个。”大女儿奥尔莲小时候美得像朵花，现在还是风韵犹存。她半开玩笑地插话说：“那时候我才十五岁，已经爱上了你，你如果周末不来我家，我就不高兴。你每次一来，我就往你身上靠，我爸爸经常骂我，说我也不知道害臊。”

我听后哈哈大笑：“那个时候，你还是小姑娘，我怎么知道，如果你那时早告诉我……”她的丈夫也哈哈大笑地接上说：“那么我就没有这个多嘴多舌的太太了。”闹、笑、吃、喝，时间就这么一分一秒地过去了，还有十分钟，就要碰杯迎接 1988 年的到来。

这时，他们打开电视机，屏幕上出现了戈尔巴乔夫的大特写镜头，戈尔巴乔夫开始讲话了。他说到 1987 年的成绩，1988 年的展望，说到改革，说到列宁主义，最后越讲越快，因为新年的钟声快敲响了。

最后一声钟响，全家都站起来欢呼，每人都举起大女婿事先准备好的香槟酒，互相祝贺着。我这一辈子，浪迹天涯，在北京、上海、香港、重庆、西宁，在青海湖畔、在日月山脚下、在牧民帐篷里度过新年除夕，在法国巴黎、德国汉堡、意大利罗马、美国旧金山、澳大利亚黄金海岸度过除夕，现在又来到莫斯科，真是其乐无穷。我沉醉在这温暖的大家庭气氛中，感到浓浓的情意。

新的一年到了，热闹一阵以后，大家都静了下来。可能刚刚戈尔巴乔夫的讲话引起了大家的关注。几天里，我们很少谈苏联，谈改革，我觉得很遗憾，心想，也许是时候了吧！于是我向大家提出了一个我在电视里没有听懂的疑问。顿时，一场热烈的讨论开始了。

没想到戈尔巴乔夫才上台不久，在全世界震动就如此之大，当时世界上的著名政治人物，如中国的邓小平、美国的里根、英国的撒切尔夫人、菲律宾总统阿基诺夫人都被他比下去了。到底苏联人如何评价他，他有多大能耐，我发现，如果不到苏联来，还是隔靴搔痒。在刘明专家的家里，听他们祖孙三代的讨论，才真正感觉到，戈尔巴乔夫这次可不像过去的苏联领导人赫鲁晓夫之类，他可是动真格的了。

这三代人吵得和“文化大革命”时期的中国知识分子家庭差不多，意见分歧极大。刘明专家搞了一辈子企业经济，对戈尔巴乔夫如此放手的经济改革政策很不放心。两个女婿是戈派，批评他们的丈人是保守分子。外孙刚刚大学毕业，通过外公的关系才进入财政部工作不久，话虽不多，却设法为外公辩护。除了外公，他们边往嘴里倒我从旅馆带来的伏特加，边讨论政治，舌头都不听大脑的使唤，最后大家还让我做评判员，把我肚子都笑痛了。我建议，大家到外面去散散步，呼吸点新鲜空气。这建议得到了大家的一致响应，我同时向谢尔盖·米哈伊洛维奇告别。

69 一连写了六篇访苏长篇报道

这次在苏联两个星期，我有机会访问了一些老朋友、新相识，有在大学工作的同行，有工程师，有记者，也有大学生，我发现他们个个都关心政治，有的思想相当保守，有的则非常开放，每人一套，漫无边际。在列宁格勒，有一位工程师就戈尔巴乔夫的改革分析说："在苏联，支持戈尔巴乔夫改革的人占多数，但是许多人在赫鲁晓夫时期吃了亏，当勃列日涅夫上台后，一些明显支持赫鲁晓夫的就倒了霉。因而目前一些当官的特别小心谨慎，采取观望态度。有好事他们抢着要，要他们带头去改革就不干。工厂里的干部和工人吃惯大锅饭，赚钱赔本全是国家的事，与己无关。对改革拥护，但不支持工厂私有化。"

1988 年是戈尔巴乔夫关键性的一年，在国外闹得轰轰烈烈，大家看了很过瘾，但国内工农业经济一直上不去，保守派一直大做文章，不但不帮忙，反而挖墙脚，对改革很不利。一位趋于保守的苏联科学院院士祖巴诺夫和我长谈时表示，对当前的改革不能乐观，他的理由是，人们已经对七十年来的社会主义经济制度习惯了。这个社会不是在稳步发展嘛，何必这样大动干戈呢？搞这么一场改革，可以说是从根本上改变苏联过去打下的社会主义基础，这不是走资本主义道路吗？且看，苏联一直没有失业现象，现在失业来了。少数地区过去平安无事，现在开始闹事了，搞得不好，他们以后还会提出独立。农民已经不适应这种私有方式，土地分给他们，他们不会经营，都自动跑到城里去，而过去农民是不准随便离开家乡的。这些事都说明，改革必须慎重，不能轻举妄动。

我问他："您看，戈尔巴乔夫会不会被人拉下马？"他很直率地说："不是没有这种可能性。人民之中也有怨言，譬如，伏特加酒的价钱比过去提高了好几倍，许多人都买不起了。"我当时对他的意见有所保留，后来发现，在一定程度上，他的见解是有些道理的。

说来也奇怪，过去从来没到过苏联，但我对苏联一直有一种特殊的感情，很可能与我的职业有关。无论以往在中国或现在在欧洲，对苏联发生的事，总是很注意，很关心。自从我为《信报》撰稿以后，我逐渐学会用记者的敏锐抓取素材、进行分析。最让我高兴的是，我可以自由地思考，没有任何人告诉我，我应该怎么写。

苏联的两周旅行，最让我感到兴奋的是我在莫斯科的最后一个晚上，遇到了老朋友梁天。他是一个混血儿，父亲是中国人，母亲是俄罗斯人，中俄文都是他的母语。50 年代，他在中国国务院中央计划委员会做俄文翻译，他的妻子克拉拉则是长居中国的俄罗斯侨民，在我工作过的财政部苏联专家工作室做打字员。60 年代初，中国发生大饥荒，农村饿死人，他们双双申请回国。我们从此断绝音信。这次来莫斯科，没想到克拉拉和刘明专家有往来，我因此拿到了他们的地址和电话。他们听说我来了，高兴得不知如何是好，又非常尴尬地对我表示，他们两个人年纪大了，行动艰难，不便去排长队买东西。

原来梁天夫妇回到莫斯科后，很快就被安排在苏联中央计划委员会工作。但是他们无亲无友，生活单调，而且食物靠分配，克拉拉因为缺少营养，两腿浮肿得像两根水柱，说着说着，她就哭了起来。我万万没有想到，苏联人的生活到了 80 年代末期还会如此艰苦。中国自改革开放后，人们的生活大有起色，特别在食物方面，应有尽有，比起苏联来，好得太多了。

我们开始谈起政治。他既然在计委工作，当然了解苏联的经济建设情况。给我印象最深的是梁兄向我一再提起，戈尔巴乔夫当前的改革政策，就是向中国取经。可是，日用百货和食物市场仍然非常紧张疲弱，老百姓怨声载道。

“为什么呢？”我问。

“苏联的计划经济主导社会半个多世纪，人们完全倒在政府身上，已经没有自立的能力。共产党的威信已经彻底消失了，非常危险。”他随即向我诉说了社会上出现的某些情况，还说说不定会发生内战。尤其是，非俄罗斯的加盟共和国，已经开始不听中央指挥了。

“有这么严重吗？”我问。

“戈尔巴乔夫已经看到它的严重性，所以提出开放和透明度。可是，透明度控制不好，国民会起来造反的。”

这次对苏联的访问，收获之大连我自己都没有料到。我的脑子从来没有那么活跃过。白天找人谈话，做笔记，晚上汇总归纳，和珮春交换意见，然后追记下来。我觉得自己对苏联的认识提高了不少，回到汉堡，我一连写了六篇相当长的有关苏联访问的报道，发到中国香港、新加坡、马来西亚和泰国的中文报纸上。最后一篇我试图用自己的认识把中国和苏联的改革进行了比较，并提出了自己的分析和看法，我大概是这样写的：第一，中国没有苏联的包袱。马克思列宁主义毕竟不是中国的产物，没有教条。现在，邓小平一提起中国要走中国式的社会主义道路，这就意味着，不完全听你那一套。而戈尔巴乔夫则不然，他每提出一次具体的变革，阻力很大。他不但要说服本国人和本党其他领导人，还要说服其他兄弟社会主义国家的领导人，谈何容易！而且，对立面的西方国家对你虎视眈眈，等着挑你的毛病。第二，中国改革有几个有利条件：一、中国出了一次“文化大革命”，这场浩劫反过来对改革起着极大的推动作用；二、可以轻易地把中国的社会主义纳入第一阶段，马列主义的理论是第一阶段允许资本主义存在，名正言顺；三、中国有一个三起三落在中国极有威信的邓小平，他说话一言九鼎。第三，苏联也有三个比中国好的条件：一、知识队伍强大，科技水平高；二、人的素质比中国高，中国的历次运动和“文革”把人的性格都扭曲了；三、苏联人口少，才两亿多，包袱没有中国十三亿那么沉重。

没想到这六篇带有长篇政论性的文章发表出去以后，不但在中国香港以及东南亚引起反响，国内大陆的报刊竟然也摘录刊登了。说明戈尔巴乔夫有很大的诱惑力，苏联的改革震动了全世界，我这无名小卒关愚谦的专栏《德国来鸿》忽然成为香港《信报》的香饽饽，不断收到读者来信。《信报》老总不但对我信任有加，还支持我继续到东欧国家访问，差旅费也由他们报销。

苏联曾经把记者称为“无冕的皇帝”，我体会尤深。我在汉堡申请了一个联合国通发的国际记者证，先到波兰，受到热烈欢迎，总统、总理先后接受我的采访，保加利亚议长还亲自到机场来接我，令我受宠若惊。

第十二章　搭一座文化之桥

70 1988年，《命运交响乐》里的新乐章

这几十年来，住在西方，我的心态一直不太平衡，总感到西方文化在东方到处传播，凡是有点文化的中国人，谁不知道欧洲有贝多芬、莎士比亚、歌德、巴尔扎克等音乐家、作家和诗人，但是在德国，又有多少人知道，中国有曹雪芹、罗贯中和鲁迅。自古以来，我们中国人内敛、保守、谦虚、谨慎，不懂得向外宣传自己。

我在国内，由于性格外向，就曾被批评“张扬”“显摆”“轻浮”，等等。西方人正相反，好胜好强，什么都是他们的好。中国近几十年受苏俄极“左”思潮的影响，再加上我们“文革”的十年浩劫，完全把我们文化古国的美好形象给扭曲了。西方媒体把中国人划入另类——他们勾画出的中国人是一副洪水猛兽的形象。

但是，随着80年代邓小平提出的中国改革开放政策在世界大放光彩，中国经济迅速崛起，惊动世界。西方国家对中国的看法逐渐有了改变。当时的汉堡市长多纳尼博士决定1988年9至10月间举行“中国文化月”，请中国艺术家来汉堡演出，这是汉堡破天荒第一次。但是，办“中国文化月”哪有那么容易，他们必须找熟悉大陆的中国文化人。最后，汉堡市政府文化厅处长福克斯（Fuchs）先生，一个非常有文化修养的君子，打听到汉堡大学有位从北京来的中国讲师，就亲自找到大学我的办公室来，请我“出山”。

我那个时候在汉堡大学任教，已基本站稳脚跟，并拿到终身职位。汉堡人口虽然不到两百万，却是世界历史上几个老海港之一，经济上相当有潜力，有欧洲最大的集装箱码头，四通八达，吞吐量占欧洲首位。随着中国经济的崛起，我真希望除了在大学教书以外，还能为中德友谊、为介绍中国文化到欧洲来做点事。因而和福克斯先生见面，非常合拍，一见如故。

德语Fuchs（福克斯）翻译成中文是“狼”，我就开玩笑地给他起个外号“老狼”，他很高兴地接受了。说来也是他的运气，我在中国念

大学时就一直负责组织文娱活动，到国家机关财政部当俄文翻译时，我才 21 岁。由于性格活跃，吹拉弹唱都会一点，不多久俱乐部主任就委任我为当时的俱乐部副主任，连财政部及其下属的中国保险公司、税务总局、中国建设银行的娱乐生活都由我们来管。例如组织侯宝林来财政部说相声，组织周末交际舞晚会，建立乐队和合唱团，我都是总策划，积累了不少经验。

1962 年国务院把我调到“中国人民保卫世界和平委员会”（简称“和大”）工作时，我的职务就是负责联络和组织工作，即现在所谓的公关。外国朋友到中国来访问的一切日程，都由我们这一科负责安排。连周总理出面在人民大会堂邀请国内外人士五千人的庆祝新年宴会的座席，都由我们六个人安排，也就是外交部两个、对外文委两个、“和大”两个，我是其中之一。事无巨细，我们事先都要做详细计划，责任重大，不能出一点差错，否则就会酿成外交事故。总之，我那时才三十出头，在“组织”能力上就已历练得相当老到了。

现在要把中国文化介绍到汉堡来，找到我，我当然责无旁贷。我脑子里的想法就像鱼缸里的蝌蚪，七上八下，有时整夜难以入眠。记得某次应朋友之邀，去汉堡音乐厅听贝多芬的《命运交响乐》。这曲子，我不知听过多少遍，主调都能背得出来。作者写这乐章目的是想表达自己和逆转的命运进行顽强的搏斗，终于获得胜利。追求自由、平等、博爱是该作品的中心主题，一直到乐章末尾最后强烈的反弹，表示最后的欢呼。我的命运不就是如此吗？我现在的生活经历，不也就是《命运交响乐》里的乐章吗？

西方传教士把西方文化带到东方，我为什么不能把中国文化带到西方？我那单纯的、富有民族主义色彩的思想使我兴奋万分，我觉得终于可以干点大事了。现在，该是奏出 F F F 加强音的时候了。我让你们看看中国人的组织能力并不亚于你们德国人，我心里暗暗地想。我和“老狼”的分工是，他们文化局负责寻找场地，组织中国作家座谈会；我负责文艺节目，邀请中国艺术家来德演出。

当时我的情况和 1981 年第一次从中国回来不可同日而语了。《人民日报》海外版于 1986 年 4 月 29 日用较大的篇幅介绍我这个人和我们夫妻共同出版的《中国文化指南》。文章写道：关愚谦“反右运动时被充军青海，‘文革’时被迫离开祖国”，这等于对我过去的那段历史下了一个结论，也算是“平反”吧？

我这个人永远是好了伤疤忘了疼，于是自告奋勇，自己花钱买机票回中国，在北京，邀请了近百个文艺界人士到汉堡来，从大型歌舞表演、音乐会、画展，直到捏泥人、雕塑、微雕表演。最后，还动员北京的烟火公司无偿地在汉堡易北河畔大放中国焰火，全市数十万人前来观赏。为了补贴这些支出，我和天地书店老板梁泳培、印尼华侨蔡联辉、北方饭店总经理李福全等，挨家挨户到中国饭店、中国贸易公司和私人家里寻求捐助。无形中我们成为安排这次“中国文化月”文化节目的中心，写海报、印通知、贴广告都变成了我们的事，文化厅反而成为我们的助手了。

当时，电脑才刚刚起步，中文字要一个一个字地敲打。由于资金不够，我们还要和印刷公司、租借场地公司讨价还价。这样的义举，最后感动了上天。正在我们准备自己掏钱来弥补几万马克的不足时，文化厅的官员也受了感动，替我们大力宣传，广播电视台和报纸都为我们说起好话来。许多单位都自愿免费为我们提供演出场地，“中国文化月”就像一个雪球，越滚越大。演讲、讲座、会议，乃至围棋赛、气功，一个接一个，办得非常成功、非常热闹。

中国对外开放以来的 80 年代、90 年代，中欧已有不少文化交流活动。但是与法国、奥地利相比，到德国来的中国文艺演出并不太多，有的演出团素质也不十分高。例如，到汉堡来过的两个地方的少数民族歌舞团，看得出都是民间拼凑起来的。德国人文化相当高，而且很挑剔，他们往往是通过文化表演来看中国的，低级的东西反而会起反作用。另一方面，中国过去穷，中国文艺团体到德国演出或德国方面到中国演出，多是德方出钱，汉堡文化局的一个官员曾经讽刺说“德中文化交流是单行线”，让人听了很不自在。可是到了 21 世纪，中国经济崛起，中国来的演出团发生了质的变化，已不像以前那么缩手缩脚，组织“中国文化月”中方自己也投资不少钱。

本来汉堡市政府决定，1988 年首次举办“中国文化月”后，每隔七年就举办一次。1995 年和 2002 年举办的两次，我都以德方人员身份参加了组织工作。一位国内朋友向我透露，上海方面为了争取“2010 年世博会”的上海主办权，决定下大本钱在西方投资，进行宣传活动。开始我对他的话将信将疑，但发现，他们在汉堡组织的 2002 年“中国文化月”大型文艺晚会和上海绘画艺术展以及其他文化活动，确实和过去表现不一样，出手真的很大方，办得有声有色，在德国得到了热烈的反响。

这一年的“中国文化月”，我也游说老总理赫尔穆特·施密特去参加开幕式，他欣然接受了。受德国人爱戴的老总理出现后，如众星捧月，极受大家欢迎，人人对他都非常尊敬。他的情绪上来了，向在座的汉堡市新市长博爱斯特和汉堡商会建议：今后每两年在汉堡举办一次国际性的“汉堡峰会：China Meets Europe（中国遇见欧洲）”，以期加强中欧之间的经济往来和政治对话。很荣幸，我就坐在旁边。

71 与汉堡市长建立私人友谊

说来很有意思，2002 年秋，我到上海去看我儿子关新的时候，住在老锦江贵宾楼。谁知汉堡市长博爱斯特率领一个汉堡市政府代表团到上海来访问，也下榻在这所酒家。有一天晚上，他访问归来，坐在大堂里喝咖啡，被我碰到了。我手里正好拿着两三本我新出版的书《浪》的德文版，书名叫作《生活在两个天空下》，我送给了这位还不认识的市长。他非常有礼貌地接受了，并说："谢谢！我可以利用假期的时间去读它。"

几个月之后，我忽然接到一个非常奇怪的电话，这是汉堡市长博爱斯特先生的秘书打来的，她说："关先生，我们的市长想和您以私人身份见一次面，不知您有没有时间？"汉堡市是欧洲一个非常知名而且可以说是最富有的海港城市，近 200 年来，她和全世界的生意做得很大，底子很雄厚。这样一个城市的市长，愿意和我私人见面，里面一定有文章，我欣然同意了。

几天以后我来到博爱斯特市长的办公室，它坐落在汉堡市一个有几百年历史的会议大厦里。当市长秘书把我引荐给市长时，他立刻站起来，很高兴地欢迎我，并说："关先生，我这次邀请您来主要是在我度假的时候，读完了您写的这本书。里面有很多故事、情节非常感动我，我甚至都可以背出来里面写的一些话。我想请问您，您是在什么样的思想支持下，写这本书的？"和市长谈话近一个小时，我们二人聊得很投机。

博爱斯特市长是一个很可亲的人，他读了不少有关中国的书，对中国很感兴趣，希望和我交个朋友。我们后来见过几次面，都是在公开招待场合，他邀请中国代表团宴会时见面的，没有进行过私人交谈。2004 年，他率领一个赴上海访问团和上海市长韩正会见，竟然把我放入他的访问团名单之内，作为唯一的中国人，我受宠若惊。

那次访问，两位市长达成默契，决定利用 2006 年庆祝上海、汉堡建立姐妹城市二十周年之际，两城市同时举办大型庆祝活动。市长回到汉堡后，又召集了多次会议讨论，决定把汉堡每两年的“中德文化节”定名为“China Time——中国时代”。此外，还为 China Time 专门成立了筹备委员会，我是成员之一。为了表示我的诚意，我给博爱斯特市长写了一封信，建议此次“中国文化月”活动最好选在中国庆祝十月国庆节期间举行，会更热闹。他很快给我回了信，内容如下。

尊敬的关教授愚谦先生：

2005 年 6 月 22 日的来函收悉，在此谨对您给予“China Time 2006”活动的支持与所尽的义务表示衷心的感谢。汉萨自由市汉堡希望通过举办“China Time 2006”的活动，进一步加强我市作为对华经济文化优异区位的城市特色。我们决定，2006 年 9 月 21 日至 10 月 1 日期间，汉堡市政府与工商联合会将以“China Time”为题，联合举办一系列活动，以突出与展现中国在政治、经济与文化领域的重要地位。为了庆祝汉堡与上海建成姐妹城市二十周年以及两市的密切友好关系，政府方面将在汉堡举办大型开幕活动，汉堡市政府计划邀请中国高层领导参加这一盛会。

庆祝活动期间，汉堡工商联合会将再次举办商界高层国际峰会“Hamburg Summit——China Meets Europe”。在文化领域，除举办瑞士收藏家 Sigg 先生藏品展之外，还将邀请中国艺术家前来进行演出。请您多多协助！汉堡与上海向来保持有良好的关系，因此这些演出定会至为精彩。

谨祝我们合作成功！敬致友好的问候！

Ole von Beust（欧勒 · 封 · 博爱斯特）

2005 年 6 月 26 日

这封信使我受宠若惊。一个大市长约我一起参加组织 China Time 的活动，这是一种信任，也是介绍中国文化的大好机会，我当然责无旁贷。我虽然已经到了七十五岁的高龄，但是精神一旦振作起来，就像个三十来岁的小伙子，立即冒冒失失地给当时中国驻汉堡总领事马晋生先生打了一个电话。马总领事是个为人善良、毫无架子、思想开朗的人，听了我慷慨激昂的陈述以后，没几天他就发出一封公开邀请信，邀请在汉堡常住的有一定影响力的华人同胞到使馆来开会，动员汉堡各界华人一起配合行动。这里面有华人企业家、音乐家、画家和大学同人。

马总领事也已接到汉堡市政府通知，并向我们透露，这次的大活动共分三个层面：一为政治层面。汉堡市准备邀请中国副总理一人以及上海市长韩正来汉堡，此外，汉堡市长封·博爱斯特还邀请了俄罗斯圣彼得堡市长一起来汉堡共商三大海港今后的长久经济合作。二为经济层面。汉堡市举行“中国经济峰会（China Summit）”，邀请中欧各大企业家来汉堡，同时，举办“中国经济成就展览会”。三为文化层面。在汉堡民间举行中国文化艺术节，庆祝汉堡、上海建立姐妹城市二十周年，汉堡政府提供一切方便。

汉堡市长亲自写信给我，要我支持他主办“上海汉堡中德两国文化节”，我感到非常荣幸。好好地挖挖我的思想深处，我如此积极，也是下意识地想向国内外同人表现我的为人和工作能力。只要对宣传中国文化和中德文化交流有利，我决不考虑个人得失，一定要献出一切精力。外加我在汉堡大学中国语言文化系任教，举办这种活动，师出有名。问题是怎么组织这样一个大型的中国文化节，我又能够做一些什么事情呢？我和马晋生总领事通了电话，他一方面表示大力支持这个活动，并说：“关先生，你毕竟在汉堡住了几十年，有一定的影响，是不是由你出面组织当地华人共同来主办这个活动？”我立即答应说，可以，但没有总领事馆的支持是不可能的。最后我们协商，由他通知在汉堡的一些有影响力的各界华人到总领事馆来，由我来提出一些方案。于是，在马晋生总领事的主持下，我们这些常住汉堡的华人“代表”自发成立了“China Time 2006”文化节华人筹备小组，并由我负担全责。

在汉堡，由市长亲自发动这样一次中国文化节，前所未有。如果我们中国人不去响应支持那是丢自己的脸。我想，这次会议应该让大家行动起来。可是我们怎么行动呢？我想，要动起来就要动员三方面的力量：第一个是华人的力量，第二个是媒体的力量，第三个是汉堡德国文化界、教育界、出版界人士的支持。互相影响和行动起来，形成一个一个号召力。但是，这个号召力是什么呢？

72 《书剑恩仇录》的启发

事出偶然，就在这个时候我的床头边上有金庸写的一本小说，《书剑恩仇录》。这本小说里面，他写到清朝的乾隆皇帝下江南，在杭州西湖上夜游。那个时候杭州歌舞升平，当地为了欢迎皇帝驾临，很多的船只都点上了灯笼，还用中国的古老乐器欢迎他。那一段描写得非常精彩。那我想，我们为什么不能也组织这样一场活动呢？汉堡的市中心之所以被人喜爱，就是因为有一个阿尔斯特湖，这湖虽然没有西湖那么大，但是也很大气，湖的四周都是非常漂亮的建筑物，新旧穿插，参差不齐，加上绿荫夹道，我们如果在这里组织一场湖上丝竹音乐加焰火的晚会，会是什么情形呢？想到这里，我的血液都沸腾起来。

在西方世界，永远是刀光剑影、战火纷飞，缺少的是祥和。我们如果在这里举办一个“华夏和谐之夜”，把汉堡的大小船只都租下来，点上蜡烛，架起灯笼，划到湖心，岂不能让西方人懂得，中国传统文化就是追求人与人之间、国与国之间的和谐？最后，东方的焰火照亮汉堡市中心，使“和谐之夜”进入高潮。

于是当天在马总领事组织的那场会议上，我提出了这样一个构思，说得在座的人都精神焕发。当然，我也发现一些人抱着怀疑的态度，搞这样一场晚会要动员多少人力、物力和财力！可是就在这天晚上，好几个人都站起来表示支持，我们立即成立了一个“中国时代”文化节华人筹备小组，由我和汉堡凯撒公司的老总陈茫先生共同牵头。

架子是搭起来了，但是真要在北欧办成一个华夏灯笼焰火节，谈何容易。关愚谦！你的胆子太大了！俗语说，“初生牛犊不畏虎”，可是我这个“白白活到七十五，不怕豺狼不怕虎”的糟老头，还真的不知道哪里来的那股劲，心想“天下无难事，只怕有心人”。说来也真巧，浙江义乌这个小商品城，天天在德国电视上做广告，介绍那里的节日喜庆用品等商品。我在网上调出商品广告，里面竟然有一张各种大小灯笼的照片。我当即跑到珮春的书房大叫起来，珮春，我们马上到义乌去！把珮春吓了一跳。她最烦我的就是我一有什么心事，就打扰她的写作思维，于是，她通常噘着嘴不理我。但这次不一样，她最喜欢听的话就是到中国去旅行，尤其是上海和杭州。那里的商品，尤其是女人的衣服琳琅满目。她这次睁大了眼睛看着我，用食指不断地点着自己的脑袋，意思是你发疯了。我把到义乌去看灯笼的想法一五一十地告诉她，她眼睛忽然亮了起来，说："那么先到上海城隍庙去看看，也许那里就有。"当天她就打开电脑，查找飞往上海的班机。

三天后，我们已经来到上海，首先见的当然是儿子和儿媳妇。当他们听到我要把汉堡市中心用红色灯笼点缀的想法，第一盆金，一万元人民币就已经到手了。儿子还答应帮我的忙找他的朋友支持，无形中增加了我的信心。接着，我和我的一些上海老朋友见了面，我发现这几年来，他们的经济情况个个都不错，几乎都有自己的房子，有的还不止一套。当一个人的经济情况好起来，他们说话的口气和走起路来的那股自信和从前就大不一样了。他们都表示愿意帮助我实现我的计划，我反而不好意思起来。我对他们说："你们先别给我汇款，需要时我会通知你们。"

带着愉快和自信的心情，我和珮春，还有两个上海的好朋友，我们一起坐火车来到了小商品城义乌市。真没想到，义乌的小商品批发市场大得如此惊人，真是让我大开眼界。里面的货品，无奇不有，而且价格便宜得惊人。批发商则来自世界各国，还有一个专门提供翻译的办公室。通过介绍，我们很快找到了大大小小出卖灯笼的商铺，少说也有十几家。我们太满意了！

我们很快发现一对年轻夫妇，在一个挂满灯笼的小店铺前站着，用极为友善的目光看着我们，我们就进去了。一谈条件，他们保证把我们所要的灯笼打包，寄到汉堡才收费。我一高兴，就大方地订了五千个大大小小、胖胖瘦瘦、各种花样的灯笼。一切那么顺利，心里那股高兴劲儿不是用笔墨可以形容的。为了要带一些样品到汉堡市去，我请他们晚上把样品送到我们住的旅馆来。

73 汉堡办中国灯笼节的前后经过

运势来了，真是挡也挡不住。陪我们来义乌的是一位上海的名画家陈家冷先生，他和当时的义乌吴市长是朋友。在我们去义乌的火车上，他给吴市长打了一个电话，没想到，吴市长竟然读过我的《浪》，还希望和我们见面。当时就和家冷约定，一起吃晚饭。我们的晚饭开始不久，服务员告诉我有两个客人在门外等候。原来就是那个灯笼店的两位主人，他们带来了不少的大小灯笼样品。吴市长一看见这些灯笼，就好奇地问我要这些灯笼做什么。于是我一五一十地把我们汉堡市准备举办中国文化节的情况告诉了他。他听了以后，悄悄地和旁边的季副市长说了一些话，季副市长高兴地大声对我们说："我们吴市长认为这个文化交流活动非常有意义，我们决定支持你们，愿意送给汉堡市一万个灯笼。"我听后差点从座位上跌下来，喜从天降，我真是心花怒放啊！但是无功不受禄，我怎么能够平白接受这么大一份礼物呢？而且季副市长又加上一句，"运到汉堡的运输费也由我们负责"。

我立刻想到，我经常在电视里看到义乌小商品的广告，你们既然送给我们灯笼，我们为什么不利用这个机会给你们做一些宣传呢？于是我立即回应说："非常感谢义乌市领导的支持，那么我想在定做灯笼的时候，把灯笼的底座，用金纸贴上'义乌'的拼音'Yi Wu'字样"。听到我这个建议，大家皆大欢喜。我几乎带着泪水回到了上海。当然在上海还有一番组织工作，包括联系工作、电话、海关、运输各个方面的事情。

我高高兴兴地满载而归回到汉堡。我在一个市长召开的"中国时代"文化节工作会议上，向与会者说到这些灯笼将被义乌市长当作礼物送给汉堡市的时候，大家都受到很大的鼓舞，市长甚至站起来向大家表示，我们一定要尽全力把"中国文化节"办好。在场负责汉堡交通的警察局官员也愿意配合协助在汉堡市中心挂灯笼。在汉堡的中国大学学生会主席也在会后对我说："关老师，有什么事要我们学生会做，尽管说。”

灯笼来了，我们发现这只是万里长征走了第一步。你要在这么大的城市汉堡的市中心挂上中国灯笼，首先要取得汉堡市交通部门、电力部门、安全部门、保险部门、警察部门的配合，单单是拉电线的长度就将近十公里。德国人做任何事情都是有板有眼，他们绝对不会随随便便拉上电线、安上灯泡，事先都要做好详细计划，画上图纸。例如，每几百个灯笼当中，一定要有一个电路支架。单单为了把全线灯笼架起来，从最重要的马路一直拉到阿尔斯特湖边，由湖边一直拉到市中心，拉到汉堡的议会大楼，必须委托一个德国的公司来办。这个德国公司说：“关先生，我们可以全部负责，但是价格非常高。”听他把价格开出来，我差点要跳到阿尔斯特湖里去——将近100万元人民币！当时的100万元人民币对我们搞文化的人来说是一大笔开支。虽然上海的一些朋友答应支持我们，但我很难再开口，况且，我们还要放焰火呢！买焰火，把阿尔斯特湖包下来，把湖上小船全部租下来点上蜡烛，也要付钱。此外，我们还异想天开，要办好就要办得彻底，我们要请中国乐团来汉堡演出，并请他们同时参加我们的湖上“和谐之夜”，在船上演奏。

这时，我才发现我太幼稚了，光凭着一时的激情，没有想到这些具体的、杂乱无章的、棘手的事情，最后都落到我的手上。要干，困难很多。最大的困难是钱的问题，其次还有劳力问题。而且灯笼、焰火进入汉堡港口，不但要交进口税，而且他们首先要考虑是不是上了保险，能否保证不出事故。总之是，白天，晚上，电话，通信，口舌，请吃饭，不知道花去了我们这几个办事人多少精力。如果没有珮春的日夜协助，我这条老命可能就支持不下去了。

通过各种渠道的宣传，愿意参加“汉堡中国文化节”的德国和中国企业及文化单位越来越多，我们的经济困难解决了不少。街道小商品和卖小吃的摊位的分配，就让我们头痛不已，但最大型的活动还是有20万人参加的周末焰火晚会，大大小小的杂事就举不胜举了。在上海驻汉堡的贸易总公司老总潘瑞荣先生的大力支持下，上海市政府同意赠送给我们三十分钟大型焰火，一切运输费用也由上海市政府负责，皆大欢喜。最令我高兴的是我们大学东方学部，包括亚洲、非洲学系的学生都主动报名义务参加服务，让我特别感动。

但也有这样的国人，让我感到痛心。一位来自北京中国工人歌舞团的成员，嫌我们给他们的个人演出费太少，买不了多少东西，竟然在背后和一位我请来的画家诽谤我说："钱这么少，关愚谦一定从中贪污了。"那个时候，请七八十人从北京来汉堡演出，旅费和吃住都由我们承担，再也拿不出钱给这些演员零花。但我们觉得不合适，拿出我们的私房钱来给他们，反而遭到如此污蔑。很少见到珮春这样生中国人的气，以后她还会如此傻乎乎地帮助我办中国文化节吗？唉！我反而只能笑着安慰她。

74 阿尔斯特湖畔来了二十万人

汉堡市中心的阿尔斯特湖，一道通火车、汽车的长桥把它分成两半，是为汉堡一大一小两颗明珠。北边为外湖，接近大学区；南边为内湖，就在市政厅附近。周围是汉堡的繁华所在，一些最精美的教堂、宾馆和商业大街都在湖滨。伫立在湖边，碧水清澈，天鹅遨游，人景汇融，动静兼宜，不仅常常被西方的油画截图，更像极了中国的淡雅水墨。内湖的面积较小，只有 18 公顷，但却足足相当于两个半莫斯科红场。我看上了这片和谐的碧水，与市政府商量后，就把 2006 年“中国时代”的最大型活动——中国烟花晚会移植到这里，并起了一个极为风情雅致的名字——“和谐之夜”(Nacht Der Harmonie)。

我们家住在汉堡银河街中心，位于阿尔斯特湖畔，经汉堡市区长的批准，我把这条街布置成为富有中华文化特色、街道挂满中国灯笼、极有品位的闹市。从这条街道起，把义乌市送给我们的一万只灯笼一直拉到市议会大厦广场。

9 月 13 日晚，阿尔斯特湖周边街道挂满了中国大红灯笼，上百艘大小船只游弋其间，湖中奏响悠扬的中国传统丝竹音乐。湖中心，一条金色巨龙翼翼如飞，将华夏豪情尽情展现。水中停靠的两艘驳船上，载着数十种中国烟火爆竹。我们租了一条可乘坐二三十人的游船在湖面上指挥。

晚上 8 点整，“轰”的一声巨响，一个彩球蹿上天空，变成一朵巨大的红花在夜空中爆开，围绕在阿尔斯特湖四周的人群顿时欢呼起来！焰火晚会开始了！在声声巨响下，一个个焰火像一朵朵艳丽多姿的鲜花，在黑色的夜幕下盛开。有的像美丽的菊花，有的像艳丽的牡丹，有的像倒挂着的金杨柳，有的像气势磅礴的金色瀑布。这些美丽的“花”一朵紧接着一朵，在短时间内盛开，给人带来无比绚丽的震撼。而我竟情不自禁、难以控制地大叫起来。站在我旁边被我们请来汉堡的上海朋友林栋甫先生拍拍我的肩膀，对我说：“关先生，别太激动啊！有伤身体！”他哪里知道，这些烟花的背后包含着我们付出的多少辛酸苦辣和心血啊！

烟火陆陆续续升入夜空，绚丽绽放。据悉，这次“和谐之夜”所燃放的烟花，数量及时间是曾在此举行过的日本“樱花节”的四倍。据第二天电视台统计说，前来观看焰火的人多达二十万人，来自周边城乡，甚至柏林，丹麦、瑞典和挪威的人也纷纷驾车过来，为的是一睹“和谐之夜”的盛况。

这一天的烟火晚会终于完美地结束了，《欧洲新报》的前身《经济时尚导报》的记者这样写道：

> 晴空万里，微风徐徐，室外22摄氏度，汉堡“中国时代”的第一夜，天气出奇的好，这一切好像都是为了今晚这场30分钟的盛大烟火——一个中国烟火的表演准备的。这个烟火是由上海副市长带来的礼物，阿尔斯特湖刮起了中国风。故宫九龙壁的铜龙在德国世界杯的蓝色之门边腾起，与湖面上鼓声阵阵的中国龙舟遥相呼应。红牌楼、红灯笼、红帷帐的中国集市人群鼎沸，阿尔斯特湖外湖的大桥已经挤满了人，许多市民还划着小船从水上看烟火，看灯笼。中国市长和德国政要也快乐地观看了中国的游艇。中国的总理温家宝也来了，他透过大西洋宾馆巨大的玻璃窗，注视着阿尔斯特湖堤岸上热情的汉堡市民，他们都在兴高采烈地观看着中国“和谐之夜”的灯火晚会。

“嘭”的一声响雷在阿尔斯特湖上炸开，人们猛一抬头，只见一圈蓝焰，没有一星点的火光，更不用说烟火了，怎么回事？我猛然紧张起来，难道出了问题？是不是这场烟火表演就这么一下子泡汤了？阿尔斯特湖周边20万人群一点声音也没有，隔了不到1分钟，忽然，天空中嘭嘭……哗哗……山呼海啸，电闪雷鸣，金龙银蛇，姹紫嫣红。从湖面奋力喷涌直上九霄，每一秒都闪动着靓丽，闪动着精彩，每一秒都震撼人心，让人热血沸腾。一秒不停，一丝不歇，足足喷涌了1800秒。1700万上海人送给汉堡人的礼物，代表了13亿中国人向德国人民友好的问候。

30分钟烟火刚刚过后，从阿尔斯特湖四面传来的口哨声、欢呼声、赞叹声，激荡交织。有人说一生从来没有看到过这么精彩的烟火，有人说太幸运了，太神奇了，中国不愧是发明火药的国家，中国的灯笼不愧是世界上最美好的文化用品。这一次的烟火晚会不但打破了阿尔斯特湖自挖掘建立起来从来没有过的热闹场面，汉堡市中心也从来没有过这样激动人心的灯笼和烟火。就在这个时候，汉堡市和上海市这两个巨人拉开了他们进一步合作发展贸易的新的序幕。

那夜关愚谦哈哈大笑，他已经忘记为了这个和谐之夜晚会他的胃几乎出血，他的心几乎停止跳动，现在他可以为烟火而干杯了。

按理说，在汉堡组织如此精彩的文化活动，应该有一个像样的团体。可是，没有！我是一个狂人，靠的就是一股想为中德文化交流做点贡献的热情。十年后的2016年的一个晚上，我们这些“中国文化月”的参与者又聚集一堂，回忆起十年前的往事。天啊！我怎么也不能想象自己会那么天真：一个人到上海和北京，邀请上海音乐学院师生来汉堡举办音乐会；邀请上海杂技团献技；为当时还是九岁的天才小钢琴家牛牛（张胜量）举办独奏音乐会；为上海、杭州艺术家陈家泠、孔仲起办画展；并到北京邀请中德作家们来汉堡进行欧华作家座谈；举办中国古代家具展览会和中国茶道示范表演。如此等等。总之，2006年这场大型文化交流活动，令我终生难忘。

75 荣获“汉堡艺术与科学”勋章的喜悦

就在“和谐之夜”的第二天，9 月 14 日晚，汉堡市中心艺术馆举行了一个文化与科学奖的授勋典礼，我被邀请参加。授勋典礼授给谁呢？当晚我来到大厅的时候，看到汉堡 150 个文化界、教育界、新闻界、艺术界等人士，应邀来参加汉堡文化部主办的这个颁奖典礼。汉堡副市长兼文化部部长，凯琳·封·维尔克女士代表汉堡市长主持颁奖典礼，把当晚的艺术与科学奖授给了两个华人，一个是我关愚谦，另一个是艺术家单凡。

我隐隐约约听说，由于我参加协办了这次“中国时代”大型中国文化节，德国政府非常感谢我，但我远远想不到会得到如此殊荣。维尔克部长在致辞中说了如下内容。

尊敬的关愚谦先生：

我非常荣幸地向您宣布，汉萨自由市汉堡市政府为表彰您为德中文化交流所做出的贡献，决定授予您“艺术与科学奖”奖章。

“艺术与科学奖”系由汉堡市政府于 1956 年设立的，以表彰在艺术、科学与研究领域做出杰出贡献的人士。我以汉堡市政府的名义，祝贺您获得这一荣誉。无论是作为汉堡大学的汉学家，还是著作丰厚的作家和评论家，您都为德国与中国人民相互间的进一步了解做出了不懈的努力。您孜孜不倦地为中国与欧洲传播文化，身为汉堡市民，却与您所深爱的祖国——中国紧密相连。在您常年的工作中，凡是跟您有过交往的人都能体会到这一点。

作为汉学家、作家和时事评论家，您唤起了许多人对中国文化的兴趣与喜爱。从 1988 年举办的第一届中国文化节至今，在汉堡与上海之间众多的德中文化交流项目中，您的渊博学识和见解独到的建议使汉堡市受益匪浅。

值此“中国时代”开幕之际，能于 2006 年 9 月 14 日 18 时在现代画廊4楼10号大厅向您授予“文化与科学奖”，我感到非常荣幸。

文化部长　凯琳·封·维尔克博士、教授

没想到，德国的《欧洲新报》总编范轩很快就在头版发表了消息，并如此写道：

这次中国文化节规模盛大，参加文化节的德国和中国的单位，就有300多个，可以说五花八门、包罗万象。我报社长陈茫负责举办的“中国之夜”大型晚会（9月29日），可容纳三千人的演出大厅座无虚席，亦是“中国文化月”的重彩之笔。此外还有绘画展览、音乐会、美食节、模特秀等250场文化活动。

2006年的“中国文化月”活动办得非常成功，鉴于这一盛况，汉堡市政府决定，“中国文化月”活动改为定期举行，每两年一次，由汉堡市政府办公厅发起与举办。

2006年9月14日晚，汉堡文化、教育、新闻等各界人士150余名，汇聚在汉堡当代艺术馆，出席文化部主办的颁奖典礼。颁奖典礼由汉堡文化部部长凯琳·封·维尔克（Prof. Dr. Kain v. Welck）教授主持，汉堡州国务秘书萨尔乔博士（Dr. Roland Salchow）参加了典礼并致辞祝贺。这是此奖自1956年设立以来，第一次颁发给华人。

这次获奖，我很少向人提起，原因是我不希望过多地炫耀自己。在我这些成绩当中，如果没有各方面的支持，没有企业家、总领事馆和中国大学生、留学生的帮助，是不可能实现的。但同时我也感到很高兴，我这一生虽然走了很多弯路，但是在搭建中国和德国文化交流的桥梁上，和我亲爱的妻子珮春做出了一点积极的贡献，对我来说是精神上一个很大的满足，也是我母亲给予我教育的一个回报。

人活着为了什么？我也经常问我自己，你活着是为了享受，还是为了做一点什么事情？我永远没有忘记我母亲说的一句话，当你即将就木的时候，回过头来看一看，你给世界和国家留下了一些什么东西？如果留下了一些，你可以安详地死去。

我现在原文未动地将报社评论和汉堡市政府的致辞转录下来，说明我是多么的高兴和骄傲。这一辈子我做了不少事，写了不少书，被社会公开承认并褒奖，说明我这一辈子没有辜负母亲对我幸辛苦苦的养育和教导。亲爱的妈妈！您在天之灵，如果知道这个消息，一定会感到欣慰吧！

第十三章　建成中国“豫园”茶楼的酸甜苦辣

76 九曲桥下游鱼戏水，湖心亭里茗茶飘香

各位读者，你们来过汉堡吗？汉堡真美，她是世界海港名城，夹在东海（德语 Ostsee，中文译为“波罗的海”）、北海之间，海阔天空，绿树成荫，没有摩天大厦的压境，却有阿尔斯特湖的恬静。空气特别新鲜，吸到肺里甜滋滋的。汉堡不但富有，也被评为世界绿化标兵。汉堡港与中国的贸易额在国际上名列前茅，这里也是华人喜欢聚居的城市。随着中国经济蒸蒸日上，汉堡大部分市民对中国华人又很友好了。我退休后，一心想集中精力为中德文化交流做点事。

汉堡大学民俗博物馆的旁边有块空地，离阿尔斯特湖很近，是四个网球场拼成的，约 3500 平方米，属于汉堡一个区政府所有。我每天从家走到大学去教课，总要经过这块空地。心里一直在想，这么一块宝地，如果建立一个中德文化交流中心，该有多好啊。说来真巧，一个偶然的机会，几个与文化有关的汉堡中德友人在上海新华名苑寒舍聚会，谈天说地，谈古论今，题目转到周游世界时，我的贤内助珮春谈起我们一起到加拿大卡尔加里（Calgary）旅行的情景。我忽然想起霍英东在该城市中心投资兴建了一个中华文化中心，我们夫妇去参观过，太壮观了。德国汉堡与上海是海港姐妹城市，如果能在汉堡找个据点，也建立这么一个中国文化娱乐中心，岂不是太理想了！我认识霍公，看他能不能也在欧洲投点资，汉堡和香港也都是著名的海港啊。在场的汉堡民俗博物馆馆长科普柯教授忽然提起这个网球场，如果能把这块地拿下来岂不太理想了。大家都认为这是个好主意。

回到德国后，民俗博物馆馆长科普柯博士真的立即向刚刚当选的汉堡市长封·博爱斯特先生打了一个报告，提出我们的建议。封·博爱斯特先生在汉堡的口碑很不错，是个很有思想的人。他只是汉堡的一个普通律师，偶然的机会他被汉堡基督教民主同盟推选为汉堡的党主席，并于 2001 年竞选汉堡市市长成功。他执政最突出的两件事：一、支持在汉堡新港城建立一个世界最大的音乐城；二、提出汉堡港应利用汉堡和

上海前些年成立的姐妹城市（即友好城市）关系，使汉堡成为欧中贸易的一个重要窗口。他还在 2002 年率领汉堡市政府访华团访问上海。上海市政府安排该代表团住在老锦江饭店的贵宾楼，巧的是，我的儿子关新也在那里租了一套公寓，我们夫妇刚到上海，也住在那里。前面说过，我和博爱斯特市长在大堂里巧遇，从而相识。

77 韩正市长亲自过问

博爱斯特市长接到汉堡民俗博物馆馆长向市长建议在废网球场建立中国文化中心的信函不久，我们在一个公开场合就见面了。市长问我知不知道此事，我说，不但知道，也是发起者之一。

汉堡市提供场地，上海市在该场地兴建文化交流中心的决定很快被两地官员提上日程。2004 年，博爱斯特市长再次访问上海，作为陪同，我还带博爱斯特市长参观了上海城隍庙。参观完，他兴奋地表示，如果这样的中国江南式茶楼出现在汉堡，不知会吸引来多少汉堡人，你们华人也有聚会场所了。

汉堡代表团访问上海，其中一项日程是双方签订《建立中德文化交流中心》意向书，我作为汉堡市访问上海代表团成员之一，参加了签字仪式。接着上海市政府派代表团来德考察，和汉堡文化部商讨具体计划。在和汉堡市政府官方商谈时，汉堡凯撒旅游公司老板陈茫和我也在座，中方口头表示，初步愿意投资建造一个中德友好交流的文化馆。但很快，陈茫老弟带来一个坏消息，上海方面准备打退堂鼓，原因是投资巨大，二百万欧元的经费远远不够，怕得不到回报。

听到这个消息，我差点晕倒，几夜难以入睡，最后决定写一封信给韩正市长，内容大体如下。

> 英法殖民地时期在上海投资造了外滩，一百年后的今天，西方人建立的那些高楼大厦群仍是上海一个重要景点，至今依然游人如鲫。现在，汉堡市政府无偿给我们提供这么一块大学旁边的吉祥地，我们如果在此建立起一个中国园林式的文化馆，进行文化交流，它必会流芳百世。如果我们断然放弃，未免太过可惜。

没想到韩正市长也是性情中人，他把我这封私信转发给上海的几个大企业去竞标，最后上海豫园领导拍板，愿意拿出八百万欧元巨资，在汉堡这块宝地建立一个“汉堡豫园文化茶楼”，汉堡市则无偿提供五十年土地使用权。汉堡各界听到这个消息皆大欢喜，负责该项目的豫园经理和总设计师还请我到上海，和他们一起讨论设计蓝图。本来他们设计的主建筑只有一层，我觉得房屋太少，建议他们把一层改建成两层，一楼做餐饮，二楼做文化活动和办公场所。他们愉快地采纳了。最后，上海豫园派人来汉堡翻来覆去协商，终于决定动工。

78 汉堡华人欢欣鼓舞

这消息在汉堡华人中传开了。当时在任的中国驻汉堡总领事马晋生先生和我们一些汉堡华人，在中国餐馆 Susy Wong 兴奋地探讨，该中心建成后如何在那里设立一个汉堡中华文化俱乐部。我做梦似的谈到，那里有那么大的场地，那么多房间，可以大展宏图，组织各种文化讲座、聚会联欢，开办琴棋书画语言班，设立中文图书馆，学中文，学太极。爱好音乐的组织小乐队、合唱团，把华人、德国人凝聚在一起。当晚大家谈得非常兴奋，我们汉堡华人就缺这么一个聚会场所，等文化中心建成了，中华文化传播的事业就可以大展宏图了。

新建场地离我家咫尺之遥，走路才几分钟，我每周有两三次要去那里观光，亲眼见它如何垒建起一石一瓦，如何大兴土木。当一个曲桥流水的江南庭院在汉堡的文化中心地段矗立起来，和民俗博物馆连成一片，我的兴奋之情真是难以用笔墨形容。

2006 年 10 月在汉堡举行的“中国文化月”，其中一项内容就是举行记者招待会，向德国大小媒体宣布汉堡豫园茶楼即将建成。一些积极的华人和中国留学生兴高采烈地在议会大楼组织大型歌舞表演，在阿尔斯特外湖上组织了一场中国灯火晚会，有 20 万人赶来观看烟火，连斯堪的纳维亚几个国家的人都来了。盛大的烟花，一万个灯笼，点缀了汉堡市中心的大街小巷和湖畔。中国！中国！我们一些华人和德国各界的理想主义者，在当年就成立了德中文化交流协会，举杯预祝汉堡茶楼尽快建成，希望她成为中西文化交流的桥梁，成为华人聚会的中心。

79 好一座美丽的茶苑

该建筑物完全采用上海城隍庙豫园风格，“九曲桥下游鱼戏水，湖心亭里茗茶飘香”。我和珮春的家就在阿尔斯特湖畔，离豫园茶馆咫尺之遥。眼见它 2007 年 10 月动工，2008 年 2 月就举行了上梁仪式。

2008 年初秋，在汉堡阿尔斯特湖的外湖，出现了一个富有江南景色的亭台楼阁，名为“汉堡豫园”。该建筑物面积很大，有二楼会议展览厅、一楼“绿波廊”中餐馆和“湖心亭”茶楼，人们可在此尽情享受文化演出和讲座，还有那原汁原味的南翔小笼包、豫园茶艺。真乃是“花径不曾缘客扫，蓬门今始为君开”。对笔者来说，看着它一点点建成，就像看着自己的“孩子”一点点成长，怎会不激动万千！

2008 年 9 月，汉堡豫园落成开幕，地址为菲尔德布朗纳大街（Feldbrunnen Strasse）67 号。汉堡政治、经济、文化名流，上海政府代表团都专程赶来参加开幕式。开幕式上，汉堡市长封·博爱斯特高度评价了汉堡豫园，认为这是德中之间、汉堡和上海之间有成效地开展经济和文化交流的一个典范。“它将成为增强欧洲人对中国人和中国文化的了解，促进德中人民在诸多领域交流的桥梁。”大庭广众之下，封·博爱斯特市长和我紧紧拥抱，这一细节使我终生难忘。

汉堡豫园，曲水流觞、九曲回廊、山石亭榭、屋顶飞檐，从外部造型看，这里更像是一处中式园林公园，是在德国土地上建造的中式园林。

有了汉堡豫园，中德友好往来顿时在汉堡活跃起来。在这个辉煌夺目、独树一帜的庭院里，为了践行促进文化交流的初始思想，不让人们误解为“只是商业目的”，汉堡众多文化组织经常在这里举办各种活动。我们“德中文化交流协会”以琴棋书画讲座兼表演为内容拉开序幕，汉堡大学、汉堡德中友协等也在这里安排文化及学术讲座等活动。茶楼多次展出中国山水、花鸟画作和中国印章作品，还有烹饪、茶道、健身气功、太极拳、中国围棋、象棋比赛等。活动得到汉堡官方的支持，吸引了当地居民，媒体也给予积极的关注和报道。德国企业家纷纷表示，这里位于市中心，停车位又多，将是最好的会面谈判场所。

80 让她早日放出光芒吧

2008 年，一片锣鼓喧天中，作为中国上海及德国汉堡友好城市关系象征的汉堡豫园，在汉堡市中心开业。当时没有人会想到，这座“微缩版”上海豫园的经营主体——“绿波廊”中式餐厅，三年之后，会闭门谢客。

任何人都知道，在万里之外的异地他乡开办这么一个介绍中国文化的园地是极为不易的。起初汉堡华人精英都全力以赴，为豫园的兴旺出谋划策。但我逐渐发现，这样一个文化中心完全不适宜由国内来的商业企业经营。进行文化交流不是一吹就能起来的，它要有一个长期的磨合过程，它要有听众和观众。上海豫园是个上市单位，关心的当然是企业利润，要向股民负责，至少不能亏本。这样一来，派来的老总只能把精力投在餐馆经营上。但是在国外开饭店谈何容易，一个人生地不熟又不能说外文的老总就算有再大的能力也难有用武之地。外加上面不断施压，最后的结果是，茶楼蜕变为一个普通的中国餐馆，这又怎能和其他的老中国餐馆竞争？

上海豫园公司的新领导决心招标，让汉堡当地人来接管。他们听取了多方意见后，决定撤销豫园餐饮部，把整个豫园的行政管理权免费五年，交给汉堡大学下属的汉堡孔子学院，中国汉办则从经济上支持。组织各种文化活动是孔子学院的事，茶楼的租赁和管理由汉堡大学行政部门负责。孔子学院在汉堡办得井井有条，组织了不少文化活动，但是人力毕竟有限。中国汉办出资的原则是面向德国人，华人的文化活动不是汉办的管辖范围，孔子学院当然也不能过问。这么一来，这个以往灯红酒绿的汉堡茶楼变成了一个学府。学中文，组织讲座，一年搞两三次联欢，我们欧洲华人学会和德中文化交流协会要办一些文化活动，都必须向汉堡大学行政部门申请，要支付租金，这与孔子学院无关。

根据我们的经验，许多文化活动，西方人和华人一起参加才格外热闹。例如我们协会曾经组织过琴棋书画表演和比赛，大部分都是华人带着德国朋友一起来参加。过去的茶楼也曾经邀请国内专家用中文来做专题报告，大部分是华人参加。也有学中国学的德国大学生来听。现在活动只能面对西方人，来的华人寥寥无几。当我向有关方面提出意见，这么一个大好场地冷冷清清，岂不可惜？我们汉堡华人多么需要这么一个聚会之所。得到的回答是，难啊！华人的事应由侨办负责，与汉办无关。原来这是井水不犯河水啊。我于是找到上海豫园的老朋友诉苦，他苦笑着说："你们不是一直嚷嚷没有文化活动吗？现在有了，你还要什么！"

仁慈的上帝啊！菩萨保佑啊！让我们的茶园发出她的光芒吧！真没想到，国内的业务分工搬到国外来了，我们的幻想成了泡影。一个如此大的有 3500 平方米的茶楼，到了夜晚应该是最热闹的地方，而现在来参加活动的就是孔子学院的那几百个积极分子。但是这怎能怪他们呢！这里是大学学院，不是俱乐部或会所。限于人力、物力、财力，如果我是他们也只得如此。

真希望有一天我们会感动上帝，派两个大力士把这个漂亮、豪华、壮观、古色古香的庭院，变成一个综合性的文化娱乐中心。上帝啊！让她早日放出光芒吧！

第十四章　尾声

“老了！老了！不中用了！”这是我亲爱的妈妈在她老年时常说的话，其实她老人家当时才六十出头。现在，我已经八十六了，真的老了！这部书，我写后看了很多遍，看了后头，忘了前头，再回过来看前头，又把后头忘了，是不是已经写过了？现在终于结稿了。其实，我这一生的故事，可以写的还很多很多，就拿我恋爱的故事来说吧！我这一辈子，交的女朋友数不胜数，我自小就在女人圈子里长大，念高中时就有恋爱史，和女人打交道从没有羞涩顾虑，而且，我也知道我长得不难看，非常喜欢看漂亮的女孩子，也愿意和她们打情骂俏。我也自认为，大多数女孩子也很喜欢和我打交道。但我永远是正人君子，绝不是那种好色之徒。这和我母亲从小对我的教育有关吧！因而，我这人生三部曲，在谈情说爱方面，着色不多。但是，说来也很奇怪，人老了，并不等于心老，我常常回忆起我青年、中年时期和异性交往方面的趣事。还曾被人抓过“奸”，但此“奸”非那种犯法的“奸”，只是不登大雅之堂的“奸”而已。

另外我有一种感觉，就是有些“自傲感”，总爱回忆过去的一些所谓“英雄事迹”。其实别人看起来没有什么了不起，但我还是喜欢显摆。例如，我这一辈子是靠玩弄笔杆过来的。一年前，一个偶然的机会，有位上海的女士想采访我，竟在一个私人收藏的书架上找到我 23 岁时从俄文翻译成中文的三本有关财经方面的书，已经被翻得破旧不堪了。但对我来说，如获至宝，这些文章连我自己都忘了。这些书证明，我那时 1954/1955 年已经开始要笔头了。一说起要笔头，我就联想到我高中一年级时，中文老师拿我写的一篇作文在班上朗读，表扬我写得活泼生动。从那时起，我受到鼓励，就开始喜欢玩玩笔杆子。但是，必须承认，我的文字功夫这一辈子始终有限，比起一些文人的生花妙笔来，差得远了。只是我的写作手法和我的个人性格有关，顽童无忌，比较轻松。我要求自己写的东西尽量做到“通俗性、趣味性、知识性、逻辑性”。现在我已经是老顽童了，更无忌了，但愿我写的作品还有看点。

2017 年 7 月，在我住的城市汉堡召开了“二十国集团领导人峰会”的国际会议，它是德国现总理默克尔夫人亲自组织安排的。该峰会的最主要角色已经不是美国和欧盟，恰恰是中国。习近平主席做了长篇报告，不但在欧洲各大报纸转载，并且给予积极的评价。谁都知道，中国目前在世界上的地位举足轻重。我也沾沾自喜。一方面我是中国人，祖国强，中国人也更有底气；另一方面，我最近对自己过去的演讲和写的文章进行整理，想出一套专辑，偶然读了几篇我在 20 世纪 80 年代做的报告、写的文章，发现我当时的某些预言是对的。

1983 年我在新加坡《联合早报》组织的一次报告会上这样说：“三十年后世界上的国际通用货币将是美元、欧元和人民币。”说完后，引起了热烈掌声。另外，同年，我在给香港《信报》写的一篇文章里分析到，“将来的 21 世纪将是中国世纪”。现在，已经到了 21 世纪的 2018 年，这话听起来已经很自然。但是那个时候，中国还很落后，经济上尚未崛起，不少人都不看好中国，美国、欧洲和日本的一些媒体看衰中国，把中国描写得一无是处。而现在，才不过三十年，他们不但对中国另眼相看，而且预言，中国在不久的将来会超过美国。一些媒体甚至开始拿西方的多党民主制和中国的一党民主制进行比较，找其利弊。原因是，中国这几年一跃成为世界第二经济大国，国富民强。有的媒体还认真地承认，这样走下去，十年后中国会成为老大。

不久前，我在网上读到一段话，未具名，不知是哪位能人写的，读了很爽快，摘几句作为本书的结束语吧！

> 大家可以看到，最近特朗普和幕僚还在像怨妇一样指责和威胁中国，而中国已经不参与打嘴仗了。是的，中国很忙，有很多事情要做。如果你看看中国在过去几十年里完成多少人类历史上都是第一的壮举，甚至平均一个礼拜开通一个机场，你就知道中国有多忙。真的，没时间陪美国耍嘴皮子了。如果用一句话来形容中国，那可以用“两岸猿声啼不住，轻舟已过万重山”。

写得很过瘾，但在这方面，我并不那么乐观。因为，世界的科学技术发展到现在的数码化，失业率在上升，十年后更不知科学技术将发展到什么地步。如果自动化技术不断提高，失业率还会急剧上升，13 亿人口的中国首当其冲，难以想象大批人失业的后果，中国现在就应该为今后的社会发展做准备才是。

附录：我所崇拜的黄宗英和赵丹

我所崇拜的黄宗英和赵丹

著名女演员黄宗英，是新中国电影界头号小生赵丹的夫人，她自己也是全球华人界公认的一个玉洁冰清、明艳动人、人见人爱的电影明星，在文艺界做出了了不起的贡献。她留住在上海华东医院多年了，我们夫妇二人在上海时去探望了这位老朋友，那年她已经 85 岁，孤独寂寞地坐在医院的病床上，见到我们，高兴万分。我最早知道黄宗英还是在我的少年时代。1943 年初，18 岁的黄宗英在上海话剧院演出《甜姐儿》时，我就迷上了她，那时我才 12 岁。1947 年她和赵丹合演《幸福狂想曲》，我看后如醉如痴。1949 年她又演了《丽人行》和《乌鸦与麻雀》这些名片，更使她成为家喻户晓的明星。我当时还痴想过，以后能娶这样的女子为妻，我就心满意足了。

谁知道三十多年后的 1985 年，我避居欧洲，宗英大姐竟然参加作家王蒙率领的中国作家代表团，一行十人到德国汉堡访问，并到我家做客。我乍见到她，总觉得眼熟，一听介绍，竟然是大名鼎鼎的黄宗英。

她仍然那么光彩夺目，年已花甲，风韵犹存。原来，她现在不只是明星，还是中国文坛的作家，粉碎“四人帮”后，陆续写了受人欢迎的《大雁情》《美丽的眼睛》《八面来风》《越过太平间》《桔》《行行重行行》和《小木屋》等报告文学。

从那天起，我们心有灵犀一点通，无话不谈，竟成了莫逆之交。我和珮春每到中国，一定去拜访她。她总叫我“阿愚”，这称呼虽很亲切，但从未有人这样叫过我。后来她对我说，“阿愚！你的乐观、大方、直率、好客常让我想起阿丹”。这时，我才恍然大悟，她是见我忆故人。

1990年阴历八月十五，月光明，我们夫妇二人正好在上海小住，她邀请我参加上海作协组织的中秋佳节晚会，非要拉我在大庭广众前合唱一首美国名歌 *My Bonnie Is Over the Ocean*。她拉着我的手，一边唱一边看着我，神情恍惚，眼中忽然涌出泪水。我意识到，她一定是在某一佳节，和她的丈夫赵丹唱过这首歌。晚会后，想到她孤身一人在上海，我和珮春于是把她请到我的堂姐关颖谦和姐夫焦瑞身家一起赏月。她见到我们成双成对，触景生情，忽然悲伤地掉下泪来，谈起她和赵丹同甘共苦的一生。本来她听说我这两位近亲都是上海科学院教授，原定访问只待一个小时。想不到大家如此热情，都围着她想听她讲故事，她一讲讲到第二天早上3点钟，不知赚了我们多少泪水。

这是我唯一没准备提纲和笔记的采访，其实准备没有什么意义，戴东说黄老最多给来访者的时间是15分钟。而那天的结果是，我们聊了一个半小时，黄老的精神从开始的倦怠变得有了笑容。最后老人终于发话了：走了，走了，不说了。

赵丹，那个“一生得罪了不少人，又人缘奇好”的艺术家阿丹，如黄宗英所说，中国已经产生而且还会再产生十分出色的艺术家，举世无双的艺术家，远远超过赵丹的艺术家，但中国不可能再产生赵丹。赵丹就是赵丹！

相伴32载，赵丹只为她画过两张画

黄老的小屋是一楼，客厅很大，却没多少多余的摆设。简单的拐角布艺沙发，正对的墙上是一幅四条屏的植物笔记，各种叫不上名目的花草用纯工笔描画而就，色彩清雅，线条极简洁细腻。“据说是法拉第的作品。”她声音极轻地说，目光中透着欣赏。

与赵丹相伴32载，赵丹只为她画过两张画，一张是用铅笔画成的黄宗英写生像，题为“娇妻”；另一张是赵丹病逝前在医院为妻子画的寿桃，他记得那天是黄宗英的生日。赵丹还为黄宗英写过一款条幅。那是1979年黄宗英为赵丹写电视剧本《闻一多》时，他借闻一多座右铭勉励她“义所当为，毅然为之”。赵丹临终前在上海住院期间，强忍剧痛画了一百多幅，这些画的拥有者多是医生、护士、洗衣工人、电梯工等。

黄宗英常说，阿丹的书画和我没多大关系，除了给他开支买纸笔、颜料的钱，就是每回出门前，给他磨一大瓶墨汁，还在瓶子上贴一个小纸条“临行细细磨”。夫妻情笃，每次宗英拎起行囊走天下前还会私语半句：莫怨迟迟归。赵丹的三件作品我们都没在客厅里看到，反倒是韩美林画的一幅盈尺见方的《猴图》，安静地挂在墙上，亦没有任何装裱。美林是赵丹好友，宗英并不曾认得，在赵丹离世几年后的一天，宗英借住某招待所，看见对面坐着一英俊男青年冲她微笑，饭后把她拉到一旁说：“走，跟我去牵头牛。”到了房间看到满室的动物图，属牛的宗英才知他就是韩美林！“赵丹很早就说要俺给山东大嫂你牵头牛，这愿我怎么能不还？”说到这幅《猴图》，黄老一脸灿然且顽皮一笑，“这张是我扣下的”。

患上脑栓塞，不能怪高原

有人说，黄宗英的晚年经典面貌特征有三：一头雪白的短发，一口整洁的牙齿，一脸细腻平滑的皮肤。当她开朗乐观的笑容恰到好处地浮现时，人人都会惊羡她的高雅风度。保养这么好的秘诀是什么？她笑了，“就是不管它，不去想它”。73岁那年她开始圆大学梦，早上5点就起床，一碗锅巴泡饭、几块萝卜干匆匆下肚就直奔学校。“我把做美容的钱省下来打车了，‘二哥’也支持我上学，还鼓励我说，感觉自己笨的人不笨。”

默默忍受身体苦痛，喜欢看大片儿

问及每天的生活安排，黄老的神色有些黯然，虽然端正地坐着，声音却低下来了。“6点多钟就起来了，起不来也起，先打开电视，山东教育台各式健身的节目挺多，我扶着凳子跟着动一动，一会儿全身热得出汗，一会儿又凉透了。六点半听一听英语，只是为了锻炼大脑以防老化，记不住几个单词，然后吃点东西，睡一小会儿，再起来找张儿子送我的碟看看。”当47岁的父亲病逝时，宗英只有9岁，因为没过50岁，黄家从父亲供职的电话局没能拿到一分钱家属抚恤金。黄家共有四男三女七个孩子，宗英有两个姐姐、两个哥哥、两个弟弟。9岁的她开始站在砖灶前的小凳子上去拨拉炒勺里的菜，她掐豆角、拣煤渣、灌开水，更要织毛衣、糊袼褙、补袜子。不仅做着，她还高兴地做着。由于家境清贫，又面临着失学，15岁时就有众多提亲者，对方总是一口气说出男方可提供的一系列条件：供读书留洋，赡养母亲和弟弟……宗英却对此感到羞辱，“我虽然喜欢童话《灰姑娘》，却怀疑灰姑娘嫁给王子以后会不会真的幸福。”她初中一毕业就跑到上海滩投奔大哥黄宗江，丢掉阔太太梦而自愿成了一个穷艺人。

因为与赵丹合演《幸福狂想曲》，黄宗英成了赵太太，风雨同舟32载。“文革”期间，赵丹被关进监狱长达五年，黄宗英带着孩子们提心吊胆地等着。她自己也被下放到干校，挑长担、耕稻、筛麦子、积肥，样样精通，甚至创下过一顿吃六两面条外加两个馒头的纪录……天生的乐观让她无所畏惧，被工宣队骂哭了，“咽一口热水瓶里放了四天的剩水，掖着三本书去菜地，我熟练地抢救被钻了心的卷心菜、花椰菜，菜叶儿、菜心儿抢着和我说话，我忘了一切。”

黄宗英非常喜欢树，写过一篇题为《人·树·天》的文章，说的是赵丹落实政策后被允许为家人看一套新住处，走到门口看到楼下一株大松树时就愣住，观赏半晌后说：“好，这棵树长得太好了。行啦。”宗英说你还没看房子呢，他说：“有这棵树就行。”于是一家人搬了进去。而走南闯北的宗英更是喜欢树，无论西藏冰峰雪岭上的云杉，南海边的木麻黄，还是与百姓人家做伴的杨树、榆树、大樟树，她都喜欢。“现在如果身体允许，我会勉强到外面散步，你们看到了，这儿是一棵树也没有，我就一个灌木丛或一个半灌木丛地走，有时走到半个就走不动了。”

看到摄影师拿出了相机，她笑了，“早知道你们要照相，我该提前化化妆。”她说别看她的书里用了很多生活照作插图，可手头真的没几张自己当年的旧照，“文革”期间作为反动家庭，所有照片和底片都被没收，由江青亲自看着烧毁。

“山东教育出版社要出一本黄氏兄妹照片集，包括宗江、宗洛和我的，其中收录的都是朋友们当年的藏品。姜金城二十多年来一直在收集我的照片，《赵丹魂》也是他写的。刚刚又来了封信，你们看。”黄宗英说，如今看到的许多照片都是从档案馆等处找到的。

黄老又笑眯眯地讲了一则趣闻。那是1978年左右，一次她去昆明，看到路边有卖明星画片的，“我一看有赵丹、白杨的，再一看又看到我自己的了，那个卖画片的人头也不抬地说，‘黄宗英儿，一毛五！’”这话经她用云南话学出来，把大家都逗笑了。“后来一个外国朋友听我说起后立即说‘一毛五我买了’，得，他收起来了。现在再说这些很心酸。”

“你忘了最重要的”（以下为黄宗英自述）

说来不信，讲赵丹，对我还是个难题；连赵丹自己也说不清他自己。每当需要他本人和观众见面时，他就一百个不自在，发愁，着急。“唉，赵丹该是什么样的？赵丹该怎么走路？说话？……唉……想到我只是赵丹，两只手都不知搁哪儿好……”1979年春节，中国传统的节日，在一次广播电视联欢大会上，上海的电影演员将纷纷登台表演。阿丹着急了：“不化妆上台发怵。”他找到化妆师嘀嘀咕咕，又钻进服装仓库……于是联欢大会开幕那天，中国著名电影演员白杨、秦怡等一一献艺。掌声中，灯渐暗，追光，雪花飘舞，中国著名文学家“鲁迅先生”撑着油纸伞，从远处慢慢走来。“鲁迅先生”站定之后，收起伞，灯亮。当观众明白是赵丹演的鲁迅，演得那么像，好一阵掌声！他说：“演员是通过角色向世界发言。”某次出国前，为印名片，办公室打电话来问：“名片上头衔印三个：一、全国政协委员；二、全国文联委员；三、全国影协常务理事。行不行？”赵丹回答：“你忘了最重要的。”对方说：“啊！还有什么更重要的？”“我是个演员！首先要印上电影演员。”赵丹说。

赵丹一生忘我地生活于角色和艺术之中，很难分解出什么是他本人了。更何况在他的生活中，又布满了比戏剧还强烈的戏剧性。五十年代，有位捷克雕塑家来中国，他要求为赵丹塑像。赵丹连续一个星期，戴着法兰西帽，规规矩矩地坐在他对面当模特儿。当半身像塑成后，赵丹说："走，朋友，我请你吃涮羊肉去！"雕塑家问："你的车呢？""市长给咱们派车！"说完就带着雕塑家上了公共汽车。到了馆子里，他和服务员有说有笑，大师傅过来拍他的肩膀和他对杯。他胃口好，大杯饮酒，大块夹肉，兴致勃勃。捷克雕塑家站着，端详着生龙活虎的赵丹，说："误会了，我错了。我应该敲掉已经塑成的那座雕像，重来一个。那不是你，太一本正经了，不是你……"

"幸福进行曲"

赵丹生于1915年，终年65岁。上小学时，即登台公演魔术、双簧、话剧，他还爱唱京戏，喜欢拉开嗓门唱铜锤花脸。阿丹的父亲为满足儿子爱演戏的兴趣，开了一爿戏院，常常聘请戏曲名角和进步新文艺工作者来小城演出。阿丹和他的同学小伙伴，看见进步剧团演什么，他们也演什么。当中国共产党领导的左翼戏剧运动正式派同志和"小小剧社"来联系时，阿丹不满15岁。

我认识阿丹，在1947年。当时我22岁，他32岁，已是有经验的电影明星了。是他和著名导演陈鲤庭在朋友书桌的玻璃板下边，看到我的照片，他们说："我们找的就是这双眼睛。"他们调来我的处女作影片《追》，看完之后，把我从北京请到上海。我和阿丹开始合演《幸福狂想曲》。他生活上放浪形骸不修边幅，常常脚上的袜子都不是原配成对的，但为了一个镜头，有时和导演——他的老朋友争得面红耳赤。影片中我们是情人，可我有点怕他。当影片停机，在扫尾工作中，我们将分手时，他忽然孩子似的对我说："我不能离开你。我们不可能分开了，你应该是我的妻子。"于是《幸福狂想曲》变成了"幸福进行曲"。

身上盖着他的画

记得我已经嫁给阿丹大半年了，有一天，收拾他的破书箱——那是我们结婚时他唯一的财产，我发现一叠用图画纸画的西洋画：有人物，有舞台装置图，有镜头画面构图。我问："谁画的？"他说："我，我是美专毕业的呀！"赵丹自幼年起，就从父习字画。吴作人曾赠他一幅字：“一门歌舞，两代丹青。”赵丹十岁左右就能为店家写斗方匾额，及长，到上海读大学。长辈叮嘱他学法律，不求人，人求己。可是，他偷偷去付了上海美术专科学校的学费，入了国画系，师从黄宾虹、潘天寿等习画山水。一张临摹的工笔手卷，画了一学期。以后，投身学生运动，在“左联”领导下，从事话剧、电影工作，也就渐渐搁下了画笔。而他又开始大画特画起来，是在《李时珍》拍摄外景时，去了黄山、富春江之后。从此，除系狱中，他一直没停笔，直到病危难以握笔，还勉强动着手指在腹部书、空中画……我每回出门前，常常给他磨一大瓶墨汁，在瓶子上贴一个小纸条，书：“临行细细磨”，又私语曰：“莫怨迟迟归。”我就捡起行囊走天下去了。

做伴三十二载，阿丹只为我画过两张画，写过一张条幅（许多最亲密的朋友倒也都没有他的书画，总觉得来日方长）。一张是新中国成立初期，他从全国第一次文代会开会回来，在笔记本上用铅笔给我画了写生像，题“娇妻”以赠我。而一幅字，是1979年，我为他写电影剧本《闻一多》时，他为我写下闻一多之座右铭“义所当为，毅然为之”勉我并自勉。最后一次，是1980年夏，他已病在床上，尚未确诊，我每天在探访时间去医院看望。一天，他怪我为什么来得那么晚，说：“急坏人啦。”我担心地问：“检查报告出来了？”“今天是你生日啊，我一大早就给你画了个寿桃，等啊等……”我心里“咯噔”一下，大热天打了个寒战。他这人，除了对艺术外，什么都马马虎虎、糊里糊涂，今生今世今番怎么会想起我的生日来？一种不祥的预感浮上心头。那段时间，我见他点花花放，绘鸟鸟飞，着水水流，染云云行，我心里禁不住打战……在那“十年动乱”的年月，他从监狱中“解放”出来，第一件大事，就是嘱咐我去买颜料、纸墨。以后，每月逢干校休假四天回家，他就画个四天四宿，以之为唯一的舒心事。那时，我们全家挤住在一间屋里，书桌小，孩子们还要做功课。他在吃饭的小方桌上画，有时只得在地上画，在门背后画。到了晚上，我和三四个孩子横排睡一张大床。他搭铺，可老是不搭。我一天劳累下来，被窝里是钻进小子还是闺女，也闹不清。睡梦中，我一翻身，只听到阿丹着急地说：“哎、哎，慢点，别动、别动……唉……”原来，我和孩子们的身上也盖着他画好的画。

囚号：139

1967年，是天天都不愿意醒过来的年头。起北风了。我正在上海东方红电影厂的集体“日托牛棚”里，为值夜班的工人絮棉大衣。两个造反派闯进来：“黄宗英出来！你回家去！”家里出了什么事？阿丹……他不会……昨天大清老早，我刚代他向“红旗电影厂造反兵团”送去了病假条——前天，一个造反派戴着藏暗器的手套，狠狠地朝他的脸上、眼睛上捶打，吼着：“叫你还演戏！叫你还放毒！！”血直流下来……当阿丹去徐汇区的联合诊所就诊后，那位在新中国成立前就给我们免费治过病的周医生，低着头，手抖抖地给开了病假单：“左瞳孔破裂。”此刻，他应该治疗，不然他……家里意外的静，白发苍苍的老保姆探了个头，被呵斥回去了。

“黄宗英，你放明白点！赵丹罪恶滔天，我们已经对他进一步采取革命措施啦！公检法把他铐走啦！现在你给他收拾铺盖！”我冷静得连自己也感到奇怪，迅速地找出绳子、被单、棉被、棉衣、棉裤、毛衣、毛裤、棉毛衫裤、毛袜——一切可以御寒的衣物——我把它们一层层、一件件铺在地板上。当我瞥见床头的眼药水、药棉、纱布时，造反派已经两人拖着个行李，“噔噔”地下楼了。以后，当我在电影厂打扫卫生时，瞥见阿丹和我经常看的业务书上，都写上了“139”的号码（只有名贵的画册上没写号码。这我倒明白，写上，就不值钱了）。以后，写有139号码的书在“打破旧文化”的造反派手里流传着，四散了。我一直想不到，“139”就是赵丹在被专政的单人牢房里的犯人代号。

至今没有签字

1973年春，阿丹被假释出来了。半夜里，我被他的自言自语、自问自答惊醒了，我不敢打岔，不敢开灯，以为他在梦游。等他安静下来，我叫他，说：“你睡着了吗？”“我醒着。”“那……你想说话，就把我或孩子叫醒说吧，别自己跟自己说话，怪叫人害怕。”

他说：“习惯了。我担心失去说话能力，就不能再演戏了。”

唉，什么时候他都总想着演戏，演戏！

又一夜，我问他："你是怎么活过来的？"

"我想戏，没人打搅我时我就想戏。齐白石的电影剧本在我脑子里已经分好镜头了。山坡下，奔泉、溪流、短笛、牛群，牧牛的孩子们站在牛背上过河，小白石……当然，还想着演鲁迅、李白，还有阿Q、黄省三……"他说的是曹禺《日出》里的黄省三。

"我倒头一回知道你想演黄省三。"

"嗯，过去，人们多演他的可怜，我要演出他的自重。如果现在再让我演许云峰，我会比以前演得更好……"

"不许你再演监狱里的戏！"我打断他，"不许！"

四天过后，他被送到干校编入"劳改队"。以后，他又被送到农村，由农民"改造"，规定他交最低的伙食费。农民心疼他，农民老伯和他的儿子，天天偷空轮流下河捕鱼、拉虾、勾螺蛳、捉泥鳅，为他改善伙食。"四人帮"的爪牙到农村向农民了解赵丹的表现，想找他一两条"罪状"。在座谈会上，农民说，我们看赵丹改造得蛮好了，用不着再改造了，让他拍两部电影给我们看看吧。

1980年，又起北风了。孩子们又一次并且是永远地失去了爸爸。我们一家人臂缠黑纱，回到离开才四个多月的上海的家。一天，上海电影局的"运动复查组"上门来，请我在赵丹的"运动结论"上签字。我摇摇头，退回"结论"，我没有签字。我至今没有签字。他们劝我保重身体，收起没有了结的"结论"，留下两大捆材料，走了。

我总想称称这两大捆材料有多少斤重，但我们家里没有那么大的秤。一大捆"罪行交代"，一大捆"思想汇报"，并排堆在地板上，像要把楼板压坍。包着的纸皮上写着墨笔大字："赵丹专案组退。自行销毁材料。"一个个字，在我眼前立了起来，像铁窗的一根根铁条……我和孩子们没有销毁材料。一张也没有销毁。难道销毁得还不够彻底吗？

黄宗英（1925.7.13—）浙江瑞安人。中共党员。上海昆仑影业公司上海电影制片厂演员，著名演员赵丹妻子，代表作《家》《乌鸦与麻雀》。上海制片厂文学部创作员，中国作家协会上海分会专业作家，上海人大常委，上海市政协常委。曾获全国首届环保妇女百佳荣誉称号。

1946年冬天，黄宗英第一次拍电影，在影片《追》中，饰演女主角，开始从舞台走上银幕，紧接着，她又在另一部电影《幸福狂想曲》中饰演女主角，这个偶然的机会，使黄宗英的命运与赵丹的命运紧紧连在了一起。

黄宗英：我第一次见他，他一个袜子是这个颜色，另一个袜子是那个颜色的，我说这个人就是没人管的人似的，好像挺……不修边幅。一个人带两个孩子，我很同情他。

拍摄《幸福狂想曲》时，赵丹刚经过多方营救，从盛世才的监狱中出来，回到上海不久。1939年，赵丹前往新疆，希望能够推动当地的戏剧活动，另一方面寻求机会去苏联，结果被盛世才扣押。赵丹在新疆经过了长达五年的牢狱生活，在此期间，他的家庭也分崩离析。黄宗英的出现，让赵丹一见钟情，于是一部《幸福狂想曲》拍摄的同时，也成就了黄宗英与赵丹的幸福进行曲。当影片拍摄完成时，他们两人已经深深坠入了爱河。这年，黄宗英22岁，赵丹32岁。

黄宗英：后来我们快要拍完了，他说“我觉得你就应该是我的妻子”，我没说话，就允诺了。就这么简单，不像他们写的，两人还说挺酸的话什么的。这可能是我跟他结婚的理由之一，我觉得我愿意为他带孩子。黄宗英对赵丹的爱情和思念是显而易见的，在那个年代他们的结合也许承受了不小的压力和阻力，但是黄宗英回忆起来语气却是平静而且平淡的，我想在她心目中，她一定认为她和赵丹的结合是命里注定的。

《幸福狂想曲》上映后，黄宗英自然纯熟的演技和年轻漂亮的形象，使众多影迷为之倾倒，也引起了不少导演的关注。之后一年多的时间里，黄宗英又参与了《丽人行》等多部影片的拍摄。

1948年末，就在国民党政权风雨飘摇的时候，黄宗英与赵丹一起出演了电影《乌鸦与麻雀》。这部电影被认为是40年代后期，喜剧电影创作中成就最突出的作品，也是让黄宗英引以为荣的代表作。这部电影的拍摄中间隔了挺长时间，新中国成立前拍了一部分，新中国成立后拍了一部分。新中国成立前拍这个戏的时候是白色恐怖很紧张的时候。

黄宗英：我们的编剧，是陈白尘，他已经在黑名单上了，已经不见了。我们真正的剧本搁在摄影棚顶棚灯光台那儿，送给国民党审查的是另外一个剧本。我们打麻将还老吆喝，使沿街的人知道我们是在打麻将。剧本是在旁边的桥牌桌上，他们其实在编剧本。

黄宗英说她一生历经坎坷，新中国成立初期的那一两年，也许是她生命中最单纯、最快乐的一段日子，用她的话说，那个时候她不找事儿，事儿也不来找她，所以她至今还很怀念那个时候北京的蓝天。

正当黄宗英觉得日子过得格外舒心，广大电影工作者的创作热情空前高涨，中国电影事业刚刚迎来一次大发展的时候，中国知识分子特别是电影创作人员，却遭遇了一场突如其来的风暴，被卷入了大规模的知识分子思想改造运动之中。那次运动，是由对电影《武训传》的批判引发的。影片中，赵丹扮演武训，黄宗英也出演了一个角色。《武训传》讲述了出身贫寒的武训，几十年行乞卖艺，积攒善款，筹办义学的曲折经历。这部影片最初上映的时候，曾让许许多多的人为之感动。

黄宗英：放的时候，大家伙都说这片子太好了，华东军政委员会的干部站起来向我们鼓掌，说武训办学的精神值得我们学习，我们以为要得毛泽东奖章呢。

世界和平大会

黄宗英随郭沫若率领的代表团去苏联参加了世界和平大会，报纸上作了报道，大家都很关心。1950 年 4 月，江泽民同志曾特地赶到赵丹家里，邀请黄宗英到益民食品一厂做报告。江泽民同志把黄宗英请到益民食品一厂的奶粉厂，给职工们介绍访苏及世界和平大会情况，报告十分精彩，振奋了全厂职工的精神。

非常年代

黄宗英无论如何没有想到的是，《武训传》会受到严厉的批判。1951 年 5 月 20 日《人民日报》发表了社论《应当重视电影〈武训传〉的讨论》。紧接着，有关批判《武训传》的大量文章见诸报端。于是一场空前的政治运动，在全国范围内展开，紧接着开始了长达半年多的文艺整风运动。

黄宗英：结果那天翻开报纸，报纸上说反动电影《武训传》，我们真的一惊，自己怎么能跟“反动”两个字挂上钩呢？这对我们的打击还是很大的。第一是蒙了，第二是我们倾心搞的这个片子居然是反动的，就是说究竟是站在敌人那一边，还是站在无产阶级那一边，我们都拿不准。我没有怀疑自己，我们当时觉得可能是我们错，因为我们没有做阶级调查，武训是地主，我们根本没有想到过。

黄昏恋

冯亦代和黄宗英早年就相识，新中国成立前他们就都活跃在党领导下的左翼文艺战线上，冯亦代和黄宗英的丈夫赵丹、哥哥黄宗江等是多年的好友。但新中国成立后几十年，两人各有各的事业和家庭，他们生活的轨迹一直没有交叉。直到 90 年代初，两人再度走近，这时两人都已痛失伴侣，“成了夫妻树上的最后一片叶子”。黄宗英爱好写作，多年来笔耕不辍，而冯亦代已是我国文学界、翻译界、出版业大师级的文化人。两人的这段黄昏恋，在热烈程度上，丝毫不亚于年轻人。

结婚前的一年中，黄宗英仍住在上海，冯亦代则居住北京，两人依靠鸿雁传书倾诉着彼此间的热烈情感，文字间的激情和浪漫，甚至比年轻人还要热烈。在信中他们经常互称“二哥”“小妹”，也有更为亲热的“爱得永远不够的娘子”“恩恩爱爱的二哥哥”等，字字句句流露着浓郁的感情。情书的另一主要内容就是交流知识，两人谈文学，谈英语，谈学到的新知识，谈对人的一些看法。虽然是情书，但内容十分丰富，次数也很频繁，有时一天内会写 3 封信，在一年多的时间里，两人写下了 50 万字的情书！冯亦代老人在一封信里这样形容他的感受：“一连 3 天收到你 4 封信，真使我快活。还有什么比读你的信更美妙的事呢？”

两人 1993 年底在北京结为伉俪，此时冯亦代已是 80 岁高龄，而黄宗英也已经 68 岁，两人的最终结合造就了中国文坛的一段佳话。结婚后，黄宗英从上海来到北京，与冯亦代生活在一起。他们婚后像生活了几十年的老夫妻一样，过着安静幸福的生活。在爱情的激励下，两人的事业也有进一步的拓展。冯亦代为《读书》译介外国新著，他们共同在《新民晚报》开专栏，佳作如酽茶似清泉，时奉读者。在黄宗英的大力操持下，1999 年《冯亦代文集》五卷得以出版。而黄宗英也参加了《望长城》《小木屋》等多部电视纪录片的拍摄。黄宗英说，婚后的十年，是很充实的十年，灿烂的十年。

1999 年 7 月 12 日，冯亦代在病榻上用足足一整天工夫写出这封他俩爱情的最后绝响。他写道："现在我这个人，说穿了，是为你而生存，因你而生存，再没有别的了……"

读书写作

黄宗英在医院病床上读茅盾的《子夜》。床头，一排巴掌大小的玩偶被拴在设备管道上，十二生肖应有尽有。黄宗英说，一位朋友来看望她时带了个花篮，里面是九头小牛和两只小老虎，希望她使出九牛二虎之力战胜疾病，保持快乐。后来，每当有朋友来医院探望，属牛的黄宗英就摘下一头小牛相赠，朋友则回赠其他玩偶，久而久之，病床被装点得萌意十足。黄宗英的病床靠窗，床边的小桌子和半个窗台堆着一摞又一摞的书。我拜访她时，老人正在看茅盾的《子夜》。这本 30 多万字的小说，她只用了四天多的时间便读完了。"我从前没有看过这本书。"黄宗英解释说，自己年轻时喜欢读屠格涅夫、托尔斯泰和陀思妥耶夫斯基，那时候她常在剧院后台抓空读书，大部头的《子夜》不方便随身携带，所以留到现在才读。黄宗英的阅读范围非常广泛，前不久她刚读完《高原梦未央》，这是一本与生态有关的书，作者是她的好友徐凤翔。三十多年前，黄宗英采写报告文学《小木屋》，身为高原生态学家的徐凤翔便是书中的主人公，两人也因此成了亲密的姐妹。

这几年，徐凤翔攀高原，钻热带雨林，进北极圈，探大峡谷，走到哪里都不忘绕回上海，专程来医院看望黄宗英，把一路的见闻讲给她听，带给她生态研究方面的最新资讯。徐凤翔的新书，便是由黄宗英作序的，她对自己这位老友的圆梦之旅赞叹不已："外面的事儿，我最关心的就是生态，现在生态环境太不好了。"

一辈子最为写作"头疼"

或许是因为身为名人的缘故，黄宗英在医院里有一点儿小小的"特权"：别人的病床前只能摆放一张小桌子和一把椅子，可她却有两张小桌子。"多的那个，是院长送的。"黄宗英说，这个礼物是为了方便她写作。

她回忆说，自己这辈子写出的第一个剧本大纲《平凡的事业》，竟然一遍通过，这令她备受鼓舞。可是后来，自己 10 个月内连写了 8 个剧本大纲，都被毙掉了。“写剧本太磨人了，真是一稿二稿不如初稿，三稿四稿枪毙拉倒。”黄宗英说，幸亏她的领导夏衍为自己解了围，告诉她要是写不出剧本，每年出几篇散文或报告文学也行，这才让她稍感“解脱”。

直到 2012 年，黄宗英还在为写作“头疼”。在狭小的病房里，黄宗英坐在病床旁边的椅子上，抱着一块塑料板当桌子，愣是在膝盖上一笔一画地写出了 1.8 万字的《命运的断想》。“这等于是我的自传。”黄宗英说。

2013 年，她除了为徐凤翔的新作写一篇序言，再没写过文章。“我觉得我写不出来了，我没什么可说的了。”她说，自己以后也不打算再写了。

后　记

上面我写到我自己开始自傲，说得具体一点，我是感到自己这辈子没有白活。活得还蛮精彩。半年多前，有一位我不认识的华人女士来电话，希望和我在柏林见面，并说她在一家媒体工作。我这个人这一辈子，很少对人说NO，就把她的地址留下，正好，我们有一个德国朋友也在这家报纸做编辑，他还认识她。我们就把他们都请到我们家来做客，她竟然是我四十多年前在汉堡大学认识的老同学，她一直很关心我，为我收集了一些图片和一些中外媒体报道我，以及对我评论的资料，无形中成了对我这一生的小总结。我问她，能不能把它们放在我的第三部《缘》里，她说可以，但不要提她的名字。这些资料让我产生一种骄傲感，才把这本书的副标题改成“人生就要活得精彩”。我不知是不是应该这样写？仁者见仁，智者见智，我也不管那么多了，谁知我还能活几年呢！

下面是我提供的图片和一些文字资料的题目：

马来西亚《星洲日报》星期天版封面：关愚谦碰上海珮春

英国《先驱论坛报》：不平凡的遭遇——了不起的一生

美国《东西报》(*East and West*)：一本可读性极高的书《中国文化指南》，作者关愚谦、海珮春

德国《南德意志报》：一个人的自信和坚韧纯真，帮助他渡过了一个又一个的难关

德国《时代周报》：一本不一般的没有什么政治教条的传记，会发出这么大的政治威力

德国《文学杂志》：一个人通过忍耐和自己的毅力，是可以达到自己的目的的

德国《汉堡日报》：汉堡授他“科学和艺术”勋章

德国《汉堡日报》：关愚谦的“第二个天空”

德国《汉堡日报》：向大家展示我的家乡上海

德国《中国时代》文化专版：那晚，汉堡属于中国

德国《世界报》：一对中国问题专家，一对和谐美满的夫妇

汉堡《中国学会》杂志：这样一个精力充沛、处事乐观、性格开朗的人，才能写出这样的书来

柏林《新中国杂志》：关愚谦：中国无处不在

欧洲《经济时尚导报》：中欧之间一半是火焰，一半是海水

欧洲《经济时尚导报》：德国两个老巨人的两种回响

《欧洲新报》：中国演绎文化外交“和谐之夜”晚会

《欧洲新报》：关愚谦谈中国的隐忧

新加坡《联合早报〈德国来鸿〉专栏》：西方的苹果都比中国的圆?

新加坡《周末瞭望》：异国乡情德意志

法国《欧洲时报》：为二十一世纪中华文化发展出谋献策的关愚谦

中国《文学报》：关愚谦——旅欧四十年的文化情怀

中国《环球时报》：“中国故事”在德国热销

《北京青年报》：从爱人到爱中国

北京《光明日报》：做文化交流的使者

北京《经济日报》：《鲁迅》翻译在德国

北京《京萃周刊》：关愚谦夫妇为您带来《德国传真》《欧盟快递》

上海《新民晚报》：转载《德国媳妇中国家》

上海《外滩画报》：中国民间文化大使关愚谦
上海《文化杂志》：关愚谦——一个“叛国者”传奇的人生
上海《文汇报》：汉堡荡漾“中国风”
上海《第一财经》：德国真美，德国与我
上海《社会科学报》：一个旅欧华人感慨万端看中国
安徽《合肥晚报》：旅德教授关愚谦夫妇在合肥畅谈中西文化差异
辽宁《妇女》：异国情侣的心愿
四川《文明》杂志：灼热赤子心
《读者文摘》：一本震动西方的中国指南
《华人世界》：关愚谦的“先天下之忧而忧”
香港《文汇报》：鲁迅著作在德国编译出版经过
香港《信报》：面对面——夫人海珮春访问记
香港《世纪报》：风物长宜放眼量
香港《生活》杂志：欧亚浪人关愚谦
香港《大公报》：外籍夫人和中国文化
香港《信报》张文达：天涯走脚行匆匆
香港《信报》张五常：《欧风欧雨》话当年——为关愚谦写序
香港凤凰卫视《鲁豫有约》：关愚谦传奇的一生

跋：我有三个家

我的第一个家在中国上海，是慈母拉扯我长大的地方，也是我接受基础教育的地方。家庭和学校给予我双重的熏陶和教养：儒家传统文化和西方基督教文化。那时的我，既熟背“修身、齐家、治国、平天下”的古训，又向往自由、平等、博爱的西方价值观。然少年轻狂，不知愦烦；思无定方，唯志可推。时代的风暴，个人的机遇，会把我的志向推向何方，我并不清楚。

首都北京是我的第二个家，因为它是我父亲关锡斌的老家，祖坟还在通县。他早年参加革命，漂泊海内外，我的童年记忆中难觅他的身影。但是，他直接影响到我 1949 年后的人生：从上海的圣芳济转向北京的外语学院，从落魄的十里洋场少年，转身为意气风发的涉外单位国家干部，都是父亲的指点和安排。然而，福祸相倚，我人生中的第一次背运，也恰恰源于我的“官二代”式的幸运。

我的第三个家是德国汉堡，这里是作为“叛国者”的我被容留的异乡，但我却在这里拿到硕士、博士学位，找到心投意合的终身伴侣。我在这里已度过近半个世纪，是我后半生生活、教书、写作的地方。在阿尔斯特湖畔银河街的寓所，一直有贤惠的妻子珮春相伴，一位中国来的仙姑一看见我们俩就说："珮春生下来就是为您服务的。"我起初对她这样果断的评论，很不满意。现在看来，真给这仙姑说对了。

一个最简单的例子，我爱看天上的星星，尤其是在夏天阴历的十四、十五、十六的夜晚，圆月当空，我们夫妇二人坐在家中的露台上赏月。她便为我点上蜡烛，泡上龙井茶，斟上法国红酒，我们从家说到国，从国论到世界，无所不谈。古人所谓"红袖添香，绿衣捧砚"的意境，没想到在这里变为现实。想当年哪有这样平静的生活，一个政治运动接着一个运动，难以容下一张平静的书桌。如果你想品茶赏月，要偷偷地做，不然会被批判"资产阶级情调"。按照中国人的传统观念，"少小离家老大回"，叶落最好归根；按照西方人的现代观念，哪里有自由，哪里就是家。对于鬓毛已衰的我而言，这两种观念我都认同，但我更被妻子珮春定义的家所感动——"只要我和愚谦在一起，那就是我们的家"。那是她在石家庄河北电视台《读书》节目上接受曹景行访谈时的道白，在现场赚得不少年轻观众的眼泪。德国女子对家的理解，其实暗合了中国古话——"吾心安处即故乡"，可见无论中外，人心相同，故国故里，一脉相系。